AF563277

EL PORQUÉ DE LAS FRASES II
L-Z

DELFÍN CARBONELL

www.fraseshechas2.guiaburros.es

Diseño de cubierta: ©Andrea Fernández Rodríguez (Editatum)
Maquetación de interior: © Editatum

Primera edición: junio de 2020

ISBN: 978-84-18121-23-4
Depósito legal: M-11395-2020

Impreso en España/ Printed in Spain

Si después de leer este libro, lo ha considerado como útil e interesante, le agradeceríamos que hiciera sobre él una **reseña honesta en Amazon** y nos enviara un e-mail a **opiniones@guiaburros.es** para poder, desde la editorial, enviarle **como regalo otro libro de nuestra colección.**

Agradecimientos

En su "Breve prólogo sobre mis prólogos", el Dr. Gregorio Marañón dice que escribir prólogos: "... es un acto de convivencia intelectual; y puesto que la vida intelectual necesita, como aire respirable, de la cordialidad, he aquí que no sólo no debe rechazarse jamás escribir un prólogo que se nos solicita, sino que, cualquiera que sea la calidad del autor y del libro prologado, ha de estimarse como un deber honroso y una eficaz obligación." Así lo sintieron los autores que aceptaron prologar libros míos. Me regalaron su tiempo y sus palabras, y su amistad también, ejerciendo conmigo ese acto de cordialidad y convivencia intelectual.

Dedico este librito a mis prologuistas, de quienes estoy muy orgulloso, en prenda de mi agradecimiento y estima, por orden cronológico:

[1]*Obras Completas, T.1, Madrid, 1966. Ver también Marino Gómez-Santos, Vida de Gregorio Marañón, 1977, que recomiendo.*

Joaquín de Entrambasaguas,
catedrático, crítico e historiador literario.

Camilo José Cela, novelista.
De la Real Academia Española. Premio Nobel.

Luis María Anson, escritor, periodista.
De la Real Academia Española.

Alonso Zamora Vicente, escritor, catedrático.
De la Real Academia Española.

Hugh Rawson,
lexicógrafo, editor y columnista.

J. Edward Gates, lexicógrafo.
Fundador de la Dictionary Society of North America.

John Simpson, catedrático Universidad de Oxford.
Former Editor-in- Chief, Oxford English Dictionary.

José Jiménez Lozano, escritor, periodista.
Premio Cervantes 2002.

Enrique Vila-Matas, novelista.
Premio RAE.

James A. Parr,
cervantista, catedrático University of California.

Carlos París, filósofo.
Presidente, Ateneo de Madrid.

Antonio Muñoz Molina, novelista.
De la Real Academia Española.
Premio Príncipe de Asturias.

Fernando Sánchez Dragó, novelista, presentador.

José María Carrascal,
novelista, historiador, periodista, presentador.

Felipe Fernandez-Armesto, historiador.
University of Notre Dame.

Antonio Garrigues Walker,
abogado, jurista, político.

Sobre el autor

Delfín Carbonell. se formó en la *Duquesne University; M.A. University of Pittsburgh*; también es Doctor en Filología Románica y Licenciado en Filosofía y Letras en la Universidad Complutense.

Ha colaborado en: *Espiral, Cuadernos Hispanoamericanos, Duquesne Hispanic Review, Revista de la Universidad de Yucatán, Actas do Primer Coloquio Galego de Fraseoloxia, Revista Galega de Ensino, Huffington Post, VOXII, Fox News,* etc.

Entre sus publicaciones más relevantes destacan: *Escribir y comunicar en inglés*, (Anaya/Oberón, 2017); *Phonética inglesa* (Anaya 2015); *Escribir bien* (Anaya, 2014); *Gramática inglesa* (Anaya, 2013); *La lengua de Cervantes* (Serbal 2011); *El laberinto del idioma ingles* (Serbal 2009); *Diccionario panhispánico de citas* (Serbal, 2008); *Diccionario soez de uso del español cotidiano* (Serbal, 2007); *Diccionario de clichés* (Serbal, 2006); *Diccionario de modismos, inglés y castellano* (Serbal, 2004); *Breve diccionario coloquial inglés y castellano* (Serbal, 2004); *Diccionario panhispánico de refranes, de autoridades...* (Herder, 2002); *Gran diccionario de argot* (Larousse, 2000); *Diccionario inglés y castellano de argot y lenguaje informal* (Serbal, 1997); *Diccionario de refranes* (Serbal, 1996); *Diccionario fraseológico* (Serbal, 1995); *Diccionario malsonante* (Istmo, 1992); *GuíaBurros: Aprender inglés* (Editatum); *GuíaBurros: Hablar y escribir con corrección* (Editatum); *GuíaBurros: Las mejores citas* (Editatum); *GuíaBurros: Los mejores refranes en español e inglés* (Editatum).

Índice

Prólogo

Ll

A lo largo y ancho..............23
Largo y tendido..................24
Dormirse en los laureles.....26
Sin ir más lejos.....................27
Al pie de la letra..................28
Todo el peso de la ley..........29
Por libre...............................30
Situación límite....................30
Lisa y llanamente.................31
Pasto de las llamas...............31
Llorar a lágrima viva.............32
Llover mucho desde............32
Llover sobre mojado............34
No llover a gusto de todos...35
Lógicamente..........................35
Nada más lógico...................36
Luto riguroso........................36
A todas luces........................38
Luz verde..............................39
Luz y taquígrafos..................40

Mm

De tal magnitud....................41
Poner de manifiesto............42
Mar de lágrimas....................43
A marchas forzadas.............44
Marco incomparable............45
Marea humana.......................46
Ser matemático.....................47
Inmensa mayoría..................47
Parecer mentira....................49
(En) lo más mínimo..............50
El común de los mortales....50
La muerte sorprende............51
Música celestial.....................52

Nn

Nada más y
nada menos que....................55
Alto nivel...............................56
Haber perdido el norte.........56
La noche de los tiempos.....57

Oo

Ojos como platos..................59
En olor de multitud..............60
Opiniones para todo.............62
En otro orden de cosas.........62
Estar a la orden del día........63
Oscilar alrededor de............64

Pp

Infinita paciencia....................65
En el buen sentido de la palabra............................66
En otras palabras....................67
Palabras mayores....................67
Palpar en el aire (ambiente)...68
Vamos por partes..................69
Con pelos y señales...............70
A duras (malas) penas..........70
Sin (ni) pena ni gloria.........72
Cabe pensar............................73
Ni corto ni perezoso.............74
Pero que muy........................74
Poner peros............................75
Estrictamente personal.........75
Personal e intransferible......76
Una auténtica pesadilla.........77
A pesar de los pesares.........78
De a pie.................................78
Como la copa de un pino...79
Enmendar la plana................80
El plato fuerte........................81
A corto plazo..........................82
Ni poco ni mucho.................82
Polémica estéril.....................83
Levantar gran polvareda......84
Sin precedente.......................85
Sin que sirva de precedente...86
Con premeditación y alevosía................................87
Mala (buena) prensa..............88
Hacer acto de presencia......88
Sin prisa y sin pausa.............89
Terminantemente prohibido................................90
A bote pronto........................91
Como es público y notorio...92
A pulso..................................93
De todo punto........................93
Punto de inflexión................94
Punto menos que (bruto, desesperado, imposible).......95
Punto y final..........................95
Puro y duro...........................96

Rr

A raíz de.................................99
Pasarse de la raya................100
Por la sencilla razón de........101
Tener uso de razón..............102
Cruda (dura) realidad........103
Lejos de la realidad............103
(No) ser de recibo...............104
Valga la redundancia...........105
A renglón seguido...............106
Con todos los respetos.......107
Depurar responsabilidades................108

Ss

Leal saber y entender..........109
Repetir hasta la saciedad....110
Echar algo en saco roto......111
Sea como fuere.....................114
La polémica está servida.....115
Siempre y cuando................115

Salvando las distancias........112
Cortar por lo sano.............112
Dar por sentado..................113
Sol de justicia.......................116
Sin solución
de continuidad.....................117

Tt

En tanto en cuanto.............119
A tenor de............................120
Testigo de excepción..........121
De (desde)
un tiempo a esta parte........122
Mucha (ríos de) tinta.........123
Saber de buena tinta............124
Tormenta política................124
Práctica totalidad.................125
Sin trampa ni cartón...........126

Uu

Único e irrepetible.............127

Vv

Bien merecidas
vacaciones............................129
Correr un tupido velo.........130
Vamos a ver..........................131
A decir verdad.....................132
En honor a la verdad..........132
La hora de la verdad...........133
Verdad desnuda...................134
La verdad sea dicha............135
Pura verdad.........................135
Verdad como un puño
(templo, casa, catedral). 136
Rasgarse las vestiduras.......137
La rara virtud de.................138
Saltar a la vista...................138
Clara vocación....................139

Zz

(No) ir a la zaga...................141

Prólogo

Evolución y fraseología

En 1859 Charles Darwin escribió que el mundo, la vida, no son estáticos sino cambiantes; que todo está sujeto a las leyes de la evolución, incluso la manera que empleamos para comunicarnos. Las palabras y las frases nacen, desaparecen o mueren y tienen mutaciones en el tiempo, su devenir propio, su historia, su vida íntima, oculta y secreta; secreta por desconocida pero que se puede rastrear y descubrir. ¿Quién fue posiblemente el primero en emplear una frase feliz por escrito? ¿Cuándo entró una locución en los diccionarios? ¿Por qué se convierten las metáforas geniales en manidos clichés, en lugares comunes, en frases zombis? ¿Qué misterios ocultan? ¿Por qué la principal fraseología tópica aparece principalmente en los siglos XIX y XX? ¿Por qué los diccionarios cambian sus propias definiciones? Los misterios de las palabras unidas: las frases zombi, los clichés y el enigma de cómo los vocablos hacen amistad los unos con los otros y van siempre juntos a todas partes, como si estuviesen casados. Sorprendente visión de una importante faceta del idioma. Y como conviven con el hombre, veremos quién los ha utilizado y cuándo, ya que en muchos casos tenemos partida de nacimiento oficial. Que empleemos el cliché o no ya es otra cuestión y asunto de cada cual, aunque posiblemente fuese buena idea consultar esta obra y pensárselo bien antes de escribir *pongo por caso, ni que decir tiene, broche de oro, a bote pronto, ser de juzgado de guardia, nube de fotógrafos, por enésima vez, a ciencia cierta, acto seguido, a renglón seguido, de alguna manera, a estas alturas, salvo honrosas excepciones* y más. Los muertos vivientes no existen, pero la fraseología zombi sí, las frases inertes y muertas que todavía deambulan por la mala literatura, por los diarios, y los medios de comunicación.

Los lugares comunes y el lugar de uno mismo

Quien habla o escribe lo hace ineluctablemente de dos maneras, echando mano de una lengua meramente comunicativa, o instrumental para hacerse entender, que es la lengua "ahí-a-la- mano" que dice Heidegger, o utiliza una lengua que nombra la realidad y, además, posee una resonancia en la inteligencia y el ánima de quien lo habla o lo escribe, y de quien escucha o lee. Y tal sería, por ejemplo, el lenguaje del yo que ama, sufre, siente alegría o hace confidencias, el de la inteligencia que nombra el mundo para desvelar lo real, o el lenguaje poético o literario.

En el caso de aquel lenguaje meramente comunicativo, lo que nos importa es la eficacia de manera que va de suyo entonces que echemos mano de los instrumentos lingüísticos ya estereotipados que están en el lenguaje comunicativo común, con sus formulaciones ya hechas y continuamente repetidas, que son exactamente los lugares comunes o clichés del habla. Pero ese lenguaje instrumental y sus lugares comunes no nos sirven para comunicar nuestro propio lugar singular en el mundo, ni nuestro mundo interior, ni lo que vemos y experimentamos desde él, como decía.

En el plano literario, cabría añadir, además, que el uso del lugar común no sólo se revela, enseguida, como lenguaje impostado y no significativo, sino que, de hecho, torna así todo el texto, a poco que esos lugares comunes se prodiguen. Y esto es lo que ocurriría, igualmente, con el lenguaje propio de la confidencia y de la expresión en el plano más profundo, si en este orden de cosas se empleasen esos lugares comunes; es decir, que esos clichés rebajarían la totalidad del lenguaje a la condición de una comunicación retorica hueca y no significativa o llena de tópicos y palabras convenidas que no significan sino lo que se desee en cada caso.

Ésta es "la lengua de madera", que dicen los franceses y que podemos emplear en la simple comunicación o en la vida comercial o política, pero no podemos utilizar esta lengua para nombrar lo real o cuando queda afectado nuestro yo.

Teresa de Jesús escribe con cierta frecuencia, cuando parece que no acierta a nombrar o describir exactamente lo que quería decir: "A esto llamo yo", y también seguimos diciéndolo nosotros, hoy mismo, o acudimos, en su caso, al lenguaje gestual o al silencio. Como nos ocurre, pongamos por caso en una situación en la quedamos heridos por el dolor de alguien, y enseguida nos percatamos de que los lugares comunes del lenguaje, que se utilizan normalmente para estas situaciones, no nos sirven para declarar nuestro pesar.

Otras veces, ciertas fórmulas lingüisticas que se han tornado lugares comunes serán incluso inevitables para expresar o comunicar la interioridad más profunda y nombrarla; y pensemos, por ejemplo, en fórmulas como "estar en un pozo" o "atravesar una noche", que se utilizan en las más diversas culturas y en todos los idiomas, porque el imaginario de la especie es universal y con sus nombres se expresan unas mismas profundas experiencias anímicas espirituales. Y no son estas fórmulas verbales lugares comunes ni clichés, porque no son fórmulas meramente instrumentales, sino significativas y nos afectan; son símbolos universales.

Se echa mano también de la expresión hecha o cliché lingüístico para que dore nuestro lenguaje porque, a los ojos de quien habla o escribe, posee incluso una vitola de distinción retórica y su uso parece afirmar un cierto *status* culturalmente diferenciado que ha sido objeto de graciosas burlas por parte de Molière y de Quevedo.

Otras veces, y parece que cada vez con mayor amplitud al irse recortando por diversas razones la disponibilidad del lenguaje propio, esos lugares comunes lingüísticos se han instalado en nuestra habla y en nuestra escritura, porque constituyen nuestro lenguaje impostado y aceptado con funciones de relleno de conceptos y de tautologías o redundancias muy o efectistas, que difícilmente se renuncian. Y tanto es así, que lo verdaderamente aterrador de todo este asunto es que los clichés o lugares comunes, que este libro muestra que han llenado y siguen llenando el lenguaje hablado o escrito, nos hacen la tremenda pregunta sobre si una inmensa parte de nuestra expresión no sería una pura impostación de lugares y referencias conceptuales ajenas, y se usa tranquilamente en la vida privada y pública

De este modo, este libro de Delfín Carbonell Basset resultará un necesario y leal avisador de que estamos ante un cliché o lugar común del lenguaje con todo su peligro de no significatividad, de pereza o impotencia del decir, e incluso de mendacidad, como decía; y que entonces debemos detener ahí nuestra lengua, o nuestra pluma, o nuestra escucha y nuestra lectura, para rechazarlo, porque es ruido y apariencia solamente, "flatus vocis", puro nominalismo.

Y el asunto importa, e incluso de manera decisiva, a nuestra convivencia. Mandelstam pedía que la gramática se considerase un asunto moral, pensando en la política y la vida pública precisamente, porque éstas, como nuestro vivir verdadero, se hacen igualmente con palabras verdaderas de cada uno de nosotros o de otro modo, el debate de la cosa pública tampoco será significativo, y se torna perverso, si está hecho de verborrea, o palabreo de palabras huecas, clichés verbales, etiquetados y muertos, o como soñados, y en estado "zombi".

Y, a este respecto, en fin, no puede dejar de evocarse el peor lenguaje, entre las lenguas de madera, que a sí mismo se denomina "políticamente correcto", y es pura y simple imposición de una ortodoxia que pretende conseguir que "moviendo los labios del mismo modo" también el pensamiento se conforme a esa ortodoxia, exactamente como en la Torre de Babel bíblica del rey Nimrod, que es figura de todo totalitarismo, y que allí se frustró solamente porque cada quien y cada cual fue liberado y pudo pensar sus pensares y hablar sus decires, palabra propia de cada persona. Es decir, estas palabras que los hacedores de diccionarios y léxicos aman tanto y fijan para la expresión exacta de nuestro yo y la pureza de la lengua española, que todavía reluce admirablemente en el mundo y, a veces - como entre los sefardíes europeos y norteafricanos, y los inditos iberoamericanos - hasta con la antigua y maravillosa cantilenación castellana.

José Jiménez Lozano

Premio Cervantes

Ll

A lo largo y ancho.

En, por, por todo.

Medidas geométricas, largo y ancho, que han trascendido al habla popular. Me avisa de este cliché Alejandro Gándara, sagaz columnista español que escribía mucho en Blanco y Negro Cultural (luego ABCD las Artes y las Letras), cuando confiesa con desparpajo "La verdad es que yo he fumado a lo largo y ancho de mi vida..." Mucho fumar debe haber sido eso. La Academia Española no se ha percatado de la existencia y uso de esta frase boba pero sí, menos mal, el *Diccionario fraseológico documentado del español actual*, (2004), de Manuel Seco. Esto es importante porque demuestra que no siempre andan despistados todos los lexicógrafos. Quien no se despista nunca es Internet y el buscador Google, que nos da 679.000 resultados (febrero, 2020) con "a lo largo y ancho", aunque tengamos en cuenta que estos resultados varían en el tiempo. Pero lo verdaderamente importante es que somos capaces de emplear cinco palabras en una secuencia sintáctica para expresar una idea simple como "en", "por", lo cual me hace pensar que simplemente repetimos una frase que sabemos de memoria, sin considerar qué es lo que realmente expresa. Eso es el cliché, el lugar común. Casi siempre se refiere a una cuestión física, como cuando Mariano José de Larra describía en 1834 a su personaje que "... paseaba a lo largo y a lo ancho en una habitación de que ciertamente no era él el dueño." Pero Sánchez Dragó nos habla de "... a lo largo y a lo ancho de un tercio de siglo." Ya se percató Amando de Miguel de que esta frase era un tópico en 1994: "... se han ido convirtiendo en tópicos sin mucho sentido: a lo largo y a lo ancho de la geografía española." Es curioso que la lengua inglesa tiene un cliché similar: *length and breadth.*

Largo y tendido.

Mucho.

Corominas nos dice en su *Breve diccionario etimológico...*, que "largo" viene del latín "largus", abundante, considerable. Pero, ¿por qué no comparamos diccionarios para ver qué sorpresas nos regalan? Vamos a seguir la pista a este cliché tal y como queda reflejado en diferentes definiciones:

- Aunque aparece ya en la segunda parte del Quijote (1615), en 1884 el Diccionario de la Real Academia Española lo reseña por primera vez y dice "Con profusión." Nada más.
- El *Diccionario ideológico* de Julio Casares, de 1942, nos dice lo mismo "Con profusión." Posiblemente copió la definición.

- María Moliner, en 1965, nos informa: "Con hablar o verbo equivalente, mucho."
- Pero el *Diccionario de uso del español de América y España*, de Vox, lo define como: "Durante mucho rato y con detenimiento y profusión."
- En su edición del 2001 el DRAE cambia de opinión y escribe: "Extensamente y sin prisa."
- Y terminamos con el Clave, 2002, "Durante mucho tiempo."
- El *Diccionario fraseológico documentado del español actual*, 2004, explica "Se usa ponderativamente, indicando totalidad de una extensión no geográfica."

No sé qué pensar. Aquí tenemos definiciones donde escoger. Yo me quedo con la mía, con la confirmación y apoyo de Moliner, a la cual he llegado después de leerme muchas citas, actividad que recomiendo al lector interesado en estos asuntos, a quien remito también al buscador Google, de Internet, donde encontrará más, unos 444.000 resultados, que no es nada deleznable. Pero no estoy satisfecho; la cita de Cervantes da que pensar: "… el palo con que te dieron largo y tendido, te cogió todas las espaldas..." (*Segunda parte del ingenioso caballero don Quijote de la Mancha,* 1615). El rechazo absoluto a diferentes puntos de vista, por desgracia, tiene una larga tradición en la lingüística y en la lexicografía (y en la vida cotidiana española, claro). Alfred López nos da esta versión del origen de la frase, el 17 de abril 2017, en 20minutos.es "Se origina en base a cómo eran muchas de las reuniones que se celebran en la antigüedad (civilizaciones romana, griega, egipcia…) en la que era común que los asistentes a las mismas estuvieran recostados mientras hablaban de sus asuntos. Una postura que les permitía estar largo tiempo de conversación, mientras les eran servidas bebidas y comida."

Dormirse en los laureles.

Conformarse con el éxito o logros obtenidos sin esforzarse más.

Don Felipe de Borbón me avisó de este cliché en discurso que pronunció en Nueva York y televisado por TVE1, el 8 de octubre del 2004: "No podemos dormirnos en los laureles." Pero que el actual rey de España repita clichés esclerotizados no es culpa suya, sino de los que le escriben los discursos, que no saben de estas cuestiones. La Real Academia Española le expide fe de vida en su diccionario de 1970. Ya en 1734 el Diccionario de Autoridades nos dice que Laurel es metafóricamente, premio. En los juegos atléticos de Delfo, en la antigua Grecia, que eran tan importantes como los olímpicos, se distinguía y premiaba a los ganadores con una corona de laurel que perdura como símbolo de victoria y honor. La palabra laureado tiene este origen. En los juegos Olímpicos de Atenas del 2004 se empleó la corona de laurel de nuevo. Google nos da 400.000 resultados de este cliché que creo es relativamente moderno como indica su entrada en el diccionario académico en el año 1970, como ya se ha apuntado. Y los ingleses dicen "to rest on one's laurels", y los franceses, para no ser menos, "se reposer, s'endormir sur ses lauriers." No nos durmamos en nuestros laureles y tratemos de recrear el idioma con más frescura, más ingenio y más inteligencia. Nuestros lectores lo agradecerán.

Sin ir más lejos.

Por ejemplo, sin buscar más.

En *La comedia nueva*, de 1792, Leandro Fernández de Moratín (1760-1828) que también escribió *El sí de las niñas*, nos explica: "Ayer, sin ir más lejos, me lo dijeron..." Y en 1852 repitió la frase Manuel Bretón de los Herreros, (1796-1873) y así hasta 1956 (repito: 1956) cuando la Real Academia Española la incluye en su diccionario como: "Sin ser necesario buscar más datos o informes que los que están a la vista." Creo que es una definición poco feliz. Podrían los dos autores citados haber escrito: "ayer, por ejemplo...", o "... por ejemplo, hoy..." El último en avisarme de la vigencia del cliché ha sido Alejandro Gándara –y ya no añado más- que en Blanco y Negro Cultural (11/9/2004) me advierte: "Antiguamente iban de cacería (Cascos, sin ir más lejos, era el terror de los urogallos)..." El misterio es por qué los escritores de prosapia caen en las redes de las frases largas como lo haría un hablante del idioma de los que no van en carruaje, de los de a pie. Y es que una cosa son las palabras y otra las frases, vayamos con mucho cuidado.

¿Qué nos comentan los diccionarios? María Moliner nos dice con su peculiar manera de puntuar: "Expresión con que se denota que, con lo que se dice a continuación, que está reciente o a la vista, hay bastante para confirmar algo que se ha afirmado: 'Ayer, sin ir más lejos, me lo encontré borracho'." Debemos recalcar que doña María no dice "me la encontré borracha." Sin más comentarios.

El *Gran diccionario de frases hechas* de Larousse: "Frase con la que se da a entender que no es preciso seguir buscando más personas o cosas que las que se conocen o están próximas."

El *Diccionario del verbo español, hispanoamericano y dialectal*, explica "Fr. fig. con que se indica no ser necesario buscar más datos o informes que los que ya estén a la vista o sean sobradamente conocidos."

El Clave2 no lo registra.

El *Diccionario de uso del español de América y España*, de Vox, tampoco tiene noticia de su existencia.

El *Diccionario ideológico de la lengua española*, de Julio Casares no lo tiene.

¡Para que nos fiemos de los diccionarios! Pues bien, desterremos este bobo cliché y volvamos a un simple "por ejemplo", que ahora volvería a quedar mejor.

Al pie de la letra.

Literalmente, tal cual.

El Diccionario de Autoridades (1726-39) lo explica bien: "Al pié de la letra. Phrase adverbial, que vale puntual y exactamente." La versión latina es *ad peden litterae*, que significa tal cual se escribe, sin artificios, ciñendose a las instrucciones. Por lo menos lleva seiscientos años en el idioma aunque el *Diccionario fraseológico documentado del español actual* no sabe de su existencia. Creo que "literalmente" es siempre más breve y mejor que "al pie de la letra" aunque algunos autores no lo han creído así, como Santa Teresa, Cervantes, Mayans y Ciscar, Pedro Antonio de Alarcón, Clarín, Rómulo Gallegos, Elena Quiroga y otros.

Todo el peso de la ley.

Castigar por medio de las leyes.

Hace tiempo, Don Juan Carlos I me alertó del cliché en su discurso televisivo de Navidad del año 2003, cuando me dijo, comentándome sobre las mafias que se han afincado en España: "... unas mafias sobre las que debe caer todo el peso de la ley." De estos deslices tienen culpa los "negros" que le escriben los discursos y no él. Es una imagen curiosa que nos trae recuerdos de grilletes, galeras, mazmorras, escribanos y jueces. Lo que es cierto es que la ley pesa más para unos que para otros, como siempre. En 1868 Antonio Pirala se quejaba de que "... lo cierto es, que se me carga con todo el peso de la ley..." Pobrecillo. ¿Cuánto pesará la ley? Para el *Diccionario fraseológico documentado del español actual*, 2004, nada, porque no lo menciona.

Por libre.

Solo, independiente, sin ayuda, sin ataduras y sin importarle los demás.

El que andaba por libre era el que no era siervo, como indica el *Fuero Juzgo* (1250-60), pero ahora que nos creemos libres, "por libre" significa sin ataduras, independiente, solo, como en el ejemplo de El País: "Yo, que siempre he hecho un periodismo un poco golfo y he ido por libre, máxime desde que los sicarios de Fraga me negaron el carnet..." Resulta una buena traducción del inglés *free lance* que tanto se emplea en estos tiempos. Este significado es reciente. Para el diccionario académico es "sin someterse a las costumbres establecidas."

Situación límite.

Situación extrema, desesperada, que pone a prueba.

Llegar a un punto extremo cuando es necesario actuar y se pone a prueba la situación. Luis Rosales da una pequeña definición: "La situación límite, el borde del abismo..." Es reciente pero ha caído bien y prolifera mucho. "... expulsaban a Valdés de su grupo, tras acusarle de «ir por libre» y de..." leemos en el diario español Levante, del 20 de diciembre del 2004.

Lisa y llanamente.

Símplemente, con claridad.

De "liso y llano" nos habla la edición del 2001 del diccionario de la Academia como "dicho de un negocio: que no tiene dificultad." Y ya se empleaba la frase en el siglo dieciocho pero como "lisa y llanamente", porque el llamado Diccionario de Autoridades de 1734 dice de liso: "Metaphóricamente vale llano, patente, claro, sin embarazo ni tropiezo alguno" y de ahí la repetición. La Real Academia Española acepta la frase en su edición de 1803, después de que la empleara nada menos que José Cadalso en sus *Cartas marruecas* de 1773 y antes Gonzalo Céspedes en 1612. Y luego decimos que los idiomas cambian con rapidez.

Pasto de las llamas.

Incendiarse, quemarse.

Si pasto es alimento o cualquier cosa que alimenta el funcionamiento de algo, "pasto de las llamas" es lo que da vigor y nutrición a las llamas, al fuego. Me percaté de este cliché con motivo del incendio del trece de febrero 2005 de la torre Windsor en Madrid, cuando en todas las telenoticias lo usaban constantemente. Recordemos que algunas emisoras de televisión retransmitieron el incendio en directo durante más de doce horas. Como la catástrofe dio mucho que hablar, los periódicos y las tertulias también repitieron el cliché mucho, que ya existía en el siglo XIX, empleado, por ejemplo, por Antonio Pirala en 1868: "... y estos héroes hubieran sido pasto de las llamas: los habeis salvado, los volveis á sus familias y á la patria..." Y ahora, marzo del 2020, Google nos da 67.000 resultados de "ser pasto de las llamas". Hasta Ramón Tamames, el economista, emplea este cliché tan manido.

Llorar a lágrima viva.

Llorar mucho, desconsoladamente.

Frase que para Santiago de Cárdenas en 1762 fue un hallazgo ("... donde se venera la imájen de aquel santo doctor San Jerónimo que lloró a lágrima viva el tiempo perdido empleado en la lectura de Ciceron.") y que ha degenerado en un cliché muy celebrado y que tiene seguidores como la Pardo Bazán, Fernán Caballero, Galdós, Cortázar, García Márquez, Álvaro Pombo... La gente también llora a moco tendido, que es frase más chusca.

Llover mucho desde (entonces).

Transcurrir mucho tiempo, ocurrir muchas cosas (desde la fecha en cuestión).

Descubro este cliché en *El dardo en la palabra*, del profesor Fernando Lázaro Carreter que, al mencionar al alcalde socialista de Madrid Tierno Galvan, dice: "Tierno, por supuesto, no milita en esa tropa, porque ha llovido mucho desde entonces..." y me ha chocado, porque –he pensado yo- también ha tronado y granizado y nevado mucho desde entonces, así como también ha muerto mucha gente desde entonces... y sin embargo todo eso no ha tenido éxito, sólo "ha llovido mucho desde entonces." Y quizá fuese don Benito Pérez Galdós, que reflejaba tan bien la vida y el idioma de su época, el que copiase la frase, ya posiblemente popular, en su *Fortunata y Jacinta* de 1885. Han pasado muchas cosas y ha pasado mucho tiempo desde entonces, desde la publicación de esa maravillosa novela, tanto que hasta la Academia Española acepta su existencia en 1984, cien años después de que apareciese escrita y de que la utilizase Rómulo Gallegos, Joaquín Calvo-Sotelo y otros. Y esto no es un reproche, es simplemente la realidad de los misterios del idioma y de sus hablantes. En mi opinión la locución ya se ha hecho rancia, por mucho que se emplee y creo que el pensamiento original no debe expresarse por medio de frases hechas, si no estaremos siempre estancados, lo cual, quizá, tenga poco remedio.

Ejemplos de uso: "Pero habrá llovido mucho desde entonces." Benito Pérez Galdós, *Fortunata y Jacinta*, 1885-87. "Ha llovido mucho desde entonces." El País, 30/7/2017.

Llover sobre mojado.

Repetirse una acción que desagrada y que se recibe con peor ánimo que la primera vez.

Al principio fue una frase feliz que a fuerza de repetición se ha convertido en un cliché ajado e inerte. Ya aparece en el *Diccionario de Autoridades* (1726-39) donde se dice: "Phrase metafórica, con que se significa, que algún trabajo, desgracia o contratiempo, ha caído sobre otro antecedente." Y sigue vigoroso el cliché que para el *Diccionario de uso* (2002), de Vox es: "Venir u ocurrir algo desagradable después de que otra del mismo carácter haya predispuesto el ánimo." La definición del *Diccionario fraseológico documentado del español* actual, 2004, es: "Suceder una cosa desagradable después de otra, aumentando así su efecto negativo." Tenemos, pues, definiciones para elegir, incluyendo la mía. Mi admirado prologuista Jiménez Lozano nos dice en su *Los cuadernos de letra pequeña*, de 2003, "Me quedo perplejo, aunque no mucho porque ya llueve sobre mojado por lluvia de esta clase." No está solo porque las citas hacen una nómina de expertos y muy conocidos escritores, encabezando la lista Feliciano Silva, de 1534, nada menos.

No (nunca) llover a gusto de todos.

Estar contentos todos.

La posibilidad de que todos estén contentos con un acontecimiento es siempre remota. Ya lo indicaba Ramón de Mesonero Romanos en 1833: "... que así como no siempre llueve a gusto de todos, tampoco esta serenidad complacía a mi hija única." Este dicho, casi refrán, responde a lo que he explicado en la introducción, que los refranes son verdaderas frase tópicas que se repiten insconscientemente cuando la situación parece requerirlos. Sin embargo es ya una expresión rancia exenta de frescura.

Lógicamente.

Naturalmente, por supuesto.

Este bordón conversacional no tiene nada que ver con la lógica formal y es simplemente una muletilla de la que se abusa, tanto en la conversación como en escritos. No añade nada a la idea que se quiere expresar y se puede prescindir de esta palabra de relleno que muchos emplean porque el tema de la "lógica" suena bien, especialmente porque lo que nosotros decimos nos parece lógico; lo que dicen los demás, no.

Nada más lógico.

Resultado natural de algo.

En los medios de incomunicación (sic) de masas se emplea mucho ahora la coletilla, bordón o estupidéz "lógicamente". Todo parece lógico para el que habla o escribe o pontifica, que hay de todo. Si algo es lógico, no puede otra cosa ser más lógica, aunque Benito Pérez Galdós nos dice: "Verdaderamente esto era lógico; pero más lógico era no desamparar a la que de él tan cordialmente se amparaba." Todo esto parece una cuestión baladí, de sofismas, pero debemos suponer que hablar de lógica en cuestiones de lenguaje es buscarle "los tres pies al gato." Este cliché y sus variantes "lógicas" no aparecen en diccionarios a pesar de que nació en el siglo XIX. Claro, la Lógica fue el resultado de los trabajos y esfuerzos de Aristóteles, pero todavía queda mucho por recorrer en el campo neuronal y ya nos infomarán los neurocientíficos sobre cómo funciona la "lógica" en el cerebro humano. Paciencia.

Luto riguroso.

Vestir de color negro en señal de duelo.

El Diccionario de Autoridades, 1734, nos dice de luto: "El vestido negro, que se ponen los immediatos parientes de los difuntos, o las personas de su obligación, en señal de dolor y tristeza. En lo antiguo era trage singular; oy está reducido al mismo que ordinariamente se trahe, sin más diferencias que ser negro." Luego se añadió lo de luto riguroso o riguroso luto, que es vestir completamente de negro en señal externa de duelo por la muerte de un pariente. Después venía el "medio luto o luto de alivio" cuando se permitía llevar un atuendo más claro, alternando con el negro. El color del luto, como símbolo de dolor por la muerte en los pueblos europeos, es el negro. Estas cosas han cambiado y ya nadie lleva luto en señal de duelo o pesar, y en los tanatorios se ven vestidos de todos los colores. No se crea, no obstante, que la frase ha decaído en uso: Google nos da, marzo del 2020, 130.000 ejemplos de uso con "luto riguroso" y 22.000 con "riguroso luto". La primera citación escrita es del siglo XVIII, y nos han hablado de este luto riguroso Larra, Pérez Galdós, Mesonero Romanos, Camilo José Cela y Francisco Umbral. Para reforzar el cliché, el diccionario Clave define "medio luto" como "el que no es riguroso." La última citación es del periódico La Razón, 16/11/2004: "... en la sala se oyó una exclamación de «por esto, por esto», proferida entre lágrimas por una mujer vestida de riguroso luto, madre de..." Pero veo que nunca habrá "última citación" porque los clichés se repiten... "Eso mismo debió sentir una mujer vestida de riguroso luto..." nos dice César Lumbreras en La Razón del 3 de marzo de 2005. Y la televisión que tanto aporta al idioma, malo y bueno, nos dice, en un despiste o con deseos de innovar: "… apareció de riguroso negro, compungida." (Antena5 TV, "Aquí hay tomate", 20/6/2005). Y paremos de contar.

A todas luces.

Claramente, indudablemente, evidentemente.

Para el María Moliner de 1966 es: "por cualquier lado o de cualquier manera que se mire." Para el Clave es "de cualquier forma o sin ninguna duda." "A todas luces" es una frase posiblemente afortunada que se ha convertido en un bordón de la cual podemos prescindir. Google, el buscador de internet, nos da ahora (2020) 470.000 resultados y ejemplos de uso, lo que indica que la expresión sigue muy viva y empleada. Me aventuro a pensar que "claramente" puede sustituir a "a todas luces" en todos los casos.

"Por todas partes, de todos modos", nos define el cliché la Real Academia Española en su diccionario de nueva planta (dice). Claro que esto de consultar y comparar diccionarios revela sorpresas.

Veamos "luz", por ejemplo: "DRAE: "Agente físico que hace visible los objetos."

Vox: "Forma de energía que ilumina las cosas, las hace visibles y se propaga mediante partículas llamadas fotones."

Clave2: "Forma de energía que ilumina y hace posible la visión."

María Moliner, 1965: "Forma de energía emitida naturalmente por el sol y producida artificialmente de distintas maneras que se propaga en forma de radiación..."

"A todas luces" entra en el Diccionario de Autoridades (1726-39) como "Phrase adverbial, que vale por todas partes, de todos modos."

Total, para todos los gustos. Sin embargo nuestra frase implica la existencia de varios tipos de luces, lo cual no está mal. Yo prefiero prescindir del cliché, "a todas luces" ñoño, pero que empleó el Padre Feijoo (Benito Jerónimo Feijoo, 1676-1764), nada menos, "... que no es menos claro y sutil quanto contiene, como es a todas luces seguro y evidente quanto defiende..." Hay despistados (*Más vale refrán en mano...*) que creen que es "expresión tomada del mundo del cine." Que se lo digan al P. Feijoo.

Luz verde.

Visto bueno, aprobación, permiso.

Del inglés americano *green light*. De muy reciente acuñación, tiene por origen la luz del semáforo que da paso a los automóviles. Este invento que trata de poner orden en la circulación –con poco resultado, creo yo– entró en funcionamiento en Londres en 1925, aunque el primer semáforo provisto únicamente de luces rojas y verdes se instaló en la ciudad de Cleveland, Estados Unidos. Me consta que en 1963, el profesor Joaquín de Entrambasaguas, Catedrático de la Universidad Complutense entonces, no conocía la expresión. Lo mencionaba Fernando Lázaro Carreter en uno de sus dardos de 1991: "La autorización de Bush para emprender la gran balumba, se ha convertido unánimemente en *luz verde*, metáfora semafórica que destelló el día 24 en prensa y ondas, de tal modo que Schwartzkopf 'con la *luz verde* en el bolsillo', dio la orden de avance."

Luz y taquígrafos.

Claridad, transparencia, verdad.

La taquigrafía es un método de escritura de signos que permite escribir a la velocidad que se habla, que adquirió vigencia e importancia en la segunda mitad del siglo XIX, y que en España la inventó D. Francisco de Paula Martí (1762-1827) que escribió *Estenografía o arte de escribir abreviaturas* en 1800 y luego se publicó su *Taquigrafía castellana.* Las posteriores invenciones de grabación de la voz y la imagen han dejado obsoleto el invento, aunque una variante se emplea en juzgados y parlamentos. Como el diccionario de la Academia no recoge la frase, ni tampoco el *Gran diccionario de frases hechas* de Larousse, ni el Clave, suponemos que es una acuñación de los años setenta, cuando aún se estudiaba la taquigrafía y se empleaba en oficinas. El Cultural nos da un buen ejemplo de uso: "Otra pregunta más: ¿Quién va a fiscalizar el dinero que empresas e instituciones han destinado al evento. Luz y taquígrafos, por favor." Y para estrenar el nuevo ABCD las Artes y las Letras (antiguo Blanco y Negro Cultural) Javier Cortijo nos escribió (30/5/2005) "Además Baxter arroja luz y taquígrafos sobre facetas poco conocidas..." que resulta un poco ambiguo.

Mm

De tal magnitud.

Tan grande, importante.

Aparece ya en el almanaque satírico *Gran Piscátor de Salamanca*, 1732, de Diego de Torres y Villarroel (1693-1770). Para el DRAE 2001, magnitud es: "Tamaño de un cuerpo." Se trata de expresar lo grande o importante que es algo sin tener que recurrir a estas palabras simples, y así vemos que hay "aumento de tal magnitud", "comercio de tal magnitud", "ambición de tal magnitud", "acontecimiento de tal magnitud", "problema de tal magnitud", "herejía de tal magnitud", "derrota de tal magnitud", "zarandeo de tal magnitud", "críticas de tal magnitud", "succión de tal magnitud", "acontecimiento de tal magnitud" y todo ello por "importante" o "grande". Se emplea tanto este cliché que el buscador de internet Google nos regala 490.000 resultados en mayo de 2020, a pesar de que los diccionario generales y fraseológicos no han reparado en él por ahora. Que el lector juzgue si debe emplearlo o no en sus escritos o en su conversación, como hace Manuel Ángel Martín en ABC (11/6/2005): "No es frecuente asistir a un experimento real de tal magnitud y trascendencia..." Yo no lo empleo porque soy perseguidor oficial de cliché en inglés y en castellano.

Poner de manifiesto.

Evidenciar, demostrar, descubrir.

M. Díaz Rubio en su libro *Lecciones de patología y clínica médica. Aparato digestivo*, 1964, repite el cliché nada menos que veinte veces, aunque tiene la excusa de tener al Padre Feijoo como uno de los precursores en 1739, y antes aún a Mateo Alemán, en 1581, apoyados después por Andrés Bello, Juan Valera, Ortega Gasset y Eugenio d'Ors, grandes glorias del idioma castellano. El caso es repetir la fraseología tópica, zombi, para no tener que parar y pensar en algo más original, o más simple, como "demostrar", por ejemplo, o el más moderno "evidenciar." El *Diccionario de frases hechas* de Larousse nos explica lo siguiente: "Tecnicismo de la jerga judicial que se emplea cuando se dejan los autos a la vista de las partes para que estas puedan conocerlos e instruirse de ellos." que creo debemos tomar *cum grano salis*, por si acaso ya que el uso no parece avalar esta afirmación. Y Fernando Lázaro Carreter en un dardo de 1980, "Dígalo con rodeos" nos dice: "Es notable la aversión al vocablo simple cuando éste puede descomponerse en un verbo seguido de complemento que significan aproximadamente lo mismo. Ahí están empedrando el lenguaje periodístico –y también el de los libros- *dar comienzo* por comenzar, *darse a la fuga,* por fugarse [...] poner de manifiesto..." El problema es que esto viene de lejos, como hemos visto más arriba.

Mar de lágrimas.

Llorar en abundancia, mucho.

Símil antiguo, vigente todavía porque en los periódicos que cita Google encontramos 250.000 entradas donde aparece nuestro "már de lágrima." Julio Casares en su cita de *Introducción a la lexicografía española*, no parece darse cuenta del alcance de este cliché y le parece un giro aceptable: "Si en lugar de decir que una viuda estaba hecha un mar de lágrimas dijésemos que estaba como un mar de lágrimas, no sólo emplearíamos un giro inusitado sino que la expresión habría perdido toda su fuerza. Esa viuda del ejemplo no ofrece semejanza alguna con un inexistente mar de lágrimas: es que las derrama en tal abundancia, que imaginamos a la pobre mujer anegada en ellas como en un mar." Me da la impresión de que el cliché le parece de perlas a don Julio; a mí no, en absoluto. Me parece rancio, anticuado y cursi. Prefiero que no se emplee. La primera cita textual es de 1588: "Canta, hecha un mar de lágrimas, y dice..." Pedro Malón de Chaide, *La conversión de la Magdalena.*

A marchas forzadas.

Con rapidez, con prontitud, con esfuerzo.

Frase que ya aparece en los escritos de Ulrico Schmidel (1534-1554) pero que cobra vida oficial en el diccionario de la Real Academia en su edición de 1803 como "Mod. adv. milic. Caminando en un determinado tiempo más de lo que se acostumbra en igual espacio, ó haciendo jornadas más largas que las regulares." La tropa tenía que marchar a pie y para cubrir más territorio debía forzar la marcha, hacerla más larga o ir más deprisa cuando la necesidad lo imponía. La frase militar se ha convertido en un cliché que sigue empleándose en combinaciones como "podrise a marchas forzadas", "trabajar a marchas forzadas", "obtener resultados a marchas forzadas", "bebés que crecen a marchas forzadas", "perder a marchas forzadas", "realizar obras a marchas forzadas", y más posibilidades imposibles de reseñar aquí. Los traslados rápidos militares de hoy han dejado obsoleta la expresión en el ejército, pero no en la vida cotidiana, ni en los escritos de muchos autores. William Strunk nos aconseja en su *Elements of Style* que omitamos las palabras innecesarias. El cliché es siempre innecesario, especialmente éste.

Marco incomparable.

Hace ya algún tiempo, me puso sobre aviso de este cliché la presentadora de televisión y periodista Ely del Valle que intuye este asunto de la fraseología tópica y escribió en ABC (4/6/2005): "Hay tópicos que se han convertido en santo y seña de nuestro lenguaje de manera que no hay 'marco' que no sea 'incomparable', ni personaje que no haya sido inmortalizado por 'una nube de fotógrafos', que son el único gremio del mundo que se mueve en nubes, como los mosquitos." Muy acertado comentario que apoya Google, buscador de internet, dándonos 15.800 ejemplos de uso en la red. Y Andrés Berlanga nos dio un buen ejemplo de uso de este bobo cliché en 1984: "El cronista fue muy generoso con Monchel al dar cuenta de que el excelentísimo señor gobernador fue recibido por las primeras autoridades locales, en el marco incomparable del límite del municipio." Y Javier Marías aconseja (El País Semanal, 4/4/2005) a los "policías lingüísticos" que se dediquen a "detectar los vicios periodísticos más cargantes y en cierto sentido más dañinos, porque a menudo, dejan inservibles los vocablos y las expresiones y deforman la realidad. Y ya que nadie señala tales vicios, ni los periódicos con pomposo 'libros de estilo' recomienda a sus redactores abstenerse de ellos..." Remato esta entrada en el marco incomparable de la ciudad de Madrid, a unos metros del Paseo de la Castellana, ciudad también incomparable de la Unión Europea. ¿Queda bien?

Marea humana.

Gentío, muchedumbre, multitud.

Desde hace poco la palabra marea ha cobrado el significado de multitud o gran cantidad, quizá por efecto de nuestro cliché "marea humana", gran gentío, muchedumbre, multitud, que se mueve en oleadas semejante a una marabunta de hormigas. "Multitud, masa de gente que invade un lugar." Entra en la Academia con esta definición en 1992, pero marea a secas no es bastante, hay que añadir "humana" para que tenga el sentido que ahora le dan los diccionarios. Así el *Diccionario de uso del español de América y España* nos dice de marea: "Gran cantidad de personas que aparecen en masa en un lugar" y nos da como ejemplo "se encargaron de la repatriación de una marea humana de 35.000 personas." Lo cual indica que se trata del cliché "marea humana" aunque estos diccionaristas no se hayan percatado de ello. Y a pesar de estar en la lengua desde principios del siglo XX y haberse colado en los escritos de Pío Baroja, Uslar Pietri, Vargas Llosa, Carlos Fuentes y hasta del yogui español Ramiro Calle, yo rogaría a todos que buscasen otras alternativas, cosa que no han hecho los 123.000 autores de ejemplos que nos da Google, el buscador de internet, en mayo del 2020. Peor para ellos.

Ser matemático.

Seguro, exacto, que no falla.

A pesar de que las matemáticas suscitan animosidad, tienen la reputación de ser ciencia exacta, de ahí nuestra expresión que entra en el diccionario de la Academia con la definición de "exacto, preciso" en el año 1989. Pío Baroja nos hace un pequeño comentario sobre esto en su citación de 1944-49, cuando nos dice: "Hace años había pedantes que decían con aire solemne: - Esto es verdad, porque es matemático. Ahora resulta que lo que es matemático en teoría puede no ser verdad en la práctica." Es, pues, una locución de reciente acuñación y demuestra que las matemáticas han tenido siempre gran prestigio como ciencia exacta.

Inmensa (gran, abrumadora, amplia, aplastante, enorme) mayoría.

Casi todos.

Si el cincuenta por cien más uno es mayoría, la inmensa mayoría debe de ser un noventa por cien o más. Se emplea para dar la idea de "casi" todos, pero no todos. Isabel Pinaglia Alcaide (ABC, 16/4/2005) nos da una idea de las cifras que se manejan: "El segundo argumento es que una abrumadora mayoría, aproximadamente un 80 por ciento de los padres..." Para rematar la falta de precisión emplea la palabra "aproximadamente", lo cual desorienta. Este cliché es expresión poco precisa pero que suena bien y da seguridad porque la palabra "inmenso" (así como "gran") da aplomo y fuerza. Es un cliché desde el siglo diecinueve. Es un misterio para mí como dos palabras "inmenso" y "mayoría" vayan siempre juntas y hayan forjado un cliché tan absurdo. La cuestión desde un punto histórico fraseologíco es que el cliché no deja de repetirse desde 1820 y hasta Alberto Ruiz Gallardón, alcalde nefasto que fue de Madrid, (entrevista Telecinco, 9:30, 14/4/2003) nos dice "porque la inmensa mayoría ha hecho una apuesta por la libertad..." Y Francisco Giner de los Ríos, en 1877 y en su *Escritos sobre la universidad española*, nos dijo una verdad que sigue vigente "... la inmensa mayoría de los hombres ejercen sus profesiones como una imposición." En inglés *overwhelming (vast) majority*. Y para rematar, Juan Manuel de Prada dijo en Tiempo (15/9/2003) "... quiere hacernos creer que la opinión de unos cuantos equivale a la opinión de las inmensa mayoría..." Y para no ser menos, Pedro Tedde de Lorca nos dice en El Cultural (27/1/2005): "Pero no logra convencer al lector de que la inmensa mayoría de los seres humanos vive..." Pero hay más, claro, un ex presidente del gobierno español, ahora analista político, nos sale con otra variante: "Una amplia mayoría de franceses…" y un renglón más abajo: "Una mayoría todavía más aplastante…" ¿No podríamos intentar, por lo menos intentar, ser más exactos y precisos? Lo dudo.

Parecer mentira.

Increible, incomprensible, insólito.

Martínez de la Rosa (1787-1862) nos dice en su *Conjuración de Venecia*, 1834, "¡me parece mentira que he de volver a verte!..." En su edición de 2001 el Diccionario Académico nos explica: "Para dar a entender la extrañeza, sorpresa o admiración que causa algo." Pero ya había entrado en la RAE en 1899, años después de aparecer en el idioma, como: "expresión hiperbólica con que se da a entender la extrañeza, la sorpresa o admiración que causa alguna cosa." Y como hay definiciones y etiquetas para todo, el *Diccionario de frases hechas*, de Larousse, dice que es frase "coloquial" y que "se utiliza para manifestar asombro, extrañeza o disgusto." Y Google nos demuestra la pujanza de esta frase hecha dándonos 400.000 resultados de uso. Un buen ejemplo nos lo regala Enrique Jardiel Poncela (1901-1952): "... parece mentira que todavía haya locos que lo compren, cuando puede conseguirse gratis..." Es incomprensible, increíble, desde luego, que se compre lo que se puede conseguir sin pagar. Y el catedrático de la Universidad de Murcia Pozuelo Yvancos nos dice, a propósito de lo veloz que va y pasa el tiempo: "Veinticinco años ya. Parece mentira."

(En) lo más mínimo.

Nada, en absoluto, por poco que sea.

Es del año 1645, de Juan Palafox ("... y no preocupándose lo más mínimo del respeto debido a una conciencia cuidadosa.") y luego consulto el buscador Google de internet que me da 580.000 resultados de uso en 2020, que me impresiona por lo vigente, y abundante, que está este cliché a pesar del tiempo transcurrido. María Moliner nos dice en su diccionario: "Lo más mínimo (no figura en el DRAE.) Expresión redundante que se emplea en lenguaje vulgar en frases negativas: 'No me importa lo más mínimo." Ahora ya está en el DRAE del 2001 etiquetado como coloquial y lo define "nada en absoluto." Lo de lenguaje vulgar de que nos habla la Moliner no deja de tener una cierta gracia ya que han caído en sus redes de uso escritores y eruditos como Larra, Andrés Bello, Zunzunegui, Carmen Martín Gaite y Agapito Maestre. En diccionarios no hay nada perfecto, claro. De todas formas, son los hablantes los que tienen siempre la última palabra, no los académicos o los eruditos.

El común de los mortales.

Persona normal, corriente.

Para referirse a las personas normales, corrientes, al "común de las gentes" se emplea este cliché que no aparece en diccionario alguno. Misterios de la lexicografía de equipo. Y el buscador de internet Yahoo nos da, por ahora, 162.000 referencias de este cliché que convive con nosotros desde el siglo dieciocho, cuando Cadalso escribió: "... desgracia, y muy grande, la de nacer con un grado más de talento que el común de los mortales." Suena mejor que plebe, chusma, vulgo, de a pie, populacho... ¿Verdad?

La muerte sorprende.

Morir cuando uno menos lo espera.

He descubierto este cliché gracias a Ricardo Senabre (1937-2015) que escribió (El Cultural, El Mundo, 15/1/2004.): "... porque fue precisamente en el aeropuerto de Bangkok donde la muerte sorprendió a Manuel Vázquez Montalbán..." Claro está que este escritor no esperaba morir en un aeropuerto, pero es que la muerte puede acaecer, suceder u ocurrir en cualquier parte, incluso en los hospitales y aeropuertos. Pero, ¿por qué nos sorprende? Parece como si estuviéramos siempre desprevenidos y el ataque mortal nos anonada y nos deja boquiabiertos... y muertos. Supongo que el que utiliza el cliché no sabe que es un cliché y cree que es una frase muy explicativa de la crueldad del vivir, que puede terminar en cualquier momento. Podríamos decir: "... porque fue precisamente en el aeropuerto de Bangkok donde murió Manuel Vázquez Montalban..." que me parece mejor. De todas formas Carlos Fisas nos dice que la muerte "sorprendió" al emperador después de una "larga agonía", lo cual no cuadra del todo. El P. Coloma

(1851-1915) utilizó la expresión en *Pequeñeces*, en 1891. Por cierto que el jesuita P. Luis Coloma fue el creador del personaje Ratoncito Pérez, que en España trae un regalito a los niños cuando pierden un diente de leche.

Música celestial.

Agradable, maravilloso.

Mal va el asunto cuando los diccionarios no se ponen de acuerdo en sus definiciones. Para María Moliner "música celestial" significa "Palabras, reprimendas, sermones, etc., que son escuchados sin hacer ningún caso de ellos."

Para el diccionario Clave2 es "Lo que se oye y resulta muy agradable."Y si continuamos nuestras pesquisas encontramos que el *Diccionario de uso* de Vox nos dice: "Cosa muy agradable de oír por su forma o por su contenido." Y nos da el sorprendente ejemplo: "María es un nombre que pronunciado despaciosamente o cantado con la música de Leonard Bernstein suena enteramente a música celestial." (Supongo que se refiere al *West Side Story*)

Pero la Real Academia tiene definición diferente: "Palabras elegantes y promesas vanas que no tienen substancia ni utilidad."

José María Iribarren en su *El porqué de los dichos* da la clave del origen de la expresión que el *Gran diccionario de frases hechas* de Larousse resume y parafrasea: "Esta expresión procede de la clasificación de la música que hacían los antiguos (sic) en *mundana*, *humana* e *instrumental*. La celestial comprendía la armonía de los astros y de las estaciones, de tal modo que se llegaron a identificar los siete planetas con las siete notas de la escala cromática. La música celestial es, pues, la música de las esferas y resulta, por descontado, inasequible al hombre." La primera cita con música celestial que he conseguido es de 1559. Creo que ya ha llegado la hora de irnos con esta música celestial a otra parte.

Nn

Nada más y nada menos que.

Simplemente, ni más ni menos.

En 1848 el escritor, político y periodista español Nicomedes Pastor Díaz escribía una frase original: "Aquella participación política era nada más y nada menos que una contribución personal." Ciento veintisiete años después Doña María Moliner nos decía en su monumental diccionario: "Nada más y nada menos que... Expresión, probablemente de moda pasajera, de significado claro: 'Es nada más y nada menos que un hombre honrado'." Lo cual refuerza la idea de que toda precaución es poca al emitir juicio, o pontificar, sobre cuestiones de lenguaje. Era tan posiblemente pasajera la expresión que en el año 2020 el buscardor de Internet Yahoo nos da 180 millones de resultados con este "nada más y nada menos." Desde luego que no ha tenido éxito con los diccionarios: Ni Vox ni Clave han tenido noticias del cliché. Que no esté en un diccionario no significa que una frase no exista.

Alto nivel.

Categoría importante o sobresaliente; más.

En el idioma lo alto equivale a bueno y lo bajo, a malo. Así tenemos "clase alta" y "clase baja". Esto no es de ahora: doña Concepción Arenal (1820-1893) ya emplea alto con esta idea, cuando nos dijo: "Definiendo bien los deberes morales, no hay duda que, cuanto mayor sea el número de los que pasan a ser legales, indica más alto nivel en la moralidad. La ley que pena la deshonestidad, el juego, la embriaguez, la falta de cumplimiento de los deberes paternales o..." Y el concepto ha tenido tanto éxito que el buscador de internet Google nos da 24 millones de resultados con "alto nivel". Nivel es la altura donde está situado algo. Por supuesto que "alto nivel" no nos dice mucho de lo alto que está el nivel, pero el idioma no es siempre preciso; no da para tanto, como decía Ortega y Gasset.

Haber perdido el norte.

Estar desorientado, confuso.

En 1561 Luis Milán, músico, escribía: "Ya tengo perdido el norte, No puedo saber quién es..." Y a pesar de estar en en el idioma castellano más de quinientos años, entra en el diccionario de la Real Academia Española en la edición de 2001 por primera vez. Es frase de fácil entendimiento y origen, y para no perder el norte lo mejor es tener una buena brújula para no desorientarse, confundirse o aturdirse y perder el sentido de la realidad, como nos indica Amando de Miguel: "A veces se ha perdido el norte ideológico y se habla y se piensa en conceptos y no en realidades..." Y otros hablan en clichés y frases zombi, y de esto trata este libro, de señalarlos para que no se nos escabullan en nuestra manera de expresarnos.

La noche de los tiempos.

Hace mucho tiempo. No se sabe desde cuándo.

Soy miembro de ACTA (Autores cientifico-técnicos y académicos) y repasando su Manual (que conservo) número 36, junio del 2005, tropecé con: "...la terminología es una materia cuyos inicios se pierden en la noche de los tiempos..." que me chocó y me abrió el apetito lingüístico por saber más. Y me pregunto ingenuamente: ¿Qué es esto de la noche de los tiempos? Gregorio Martínez Sierra (1881-1948), famoso en su tiempo por su sentimental *Canción de cuna* (1911) ya se quedó perplejo con esta frase y dijo: "La noche de los tiempos es institución que me infunde tremendo respeto; debe de estar poblada de almas en pena, de trastos, de vestigios, de maléficos duendes; en ella duerme la verdad de la Historia, que es la más insidiosa de las serpientes." A Martínez Sierra le infundía respeto, a mí perplejidad y rechazo. Rechazo porque es una metáfora poco agraciada, más bien desgraciada, que pulula por los escritos de los españoles desde 1810, más de cien años.

No aparece reseñada la locución en ningún diccionario porque, supongo, es un cliché, baldío y bobo que ha tentado a la *crème de la crème* literaria. Pero mejor será que nos olvidemos de esa noche lúgubre de los tiempos, donde todo se pierde, y tratemos de expresar nuestras ideas con más rigor y claridad. Y desde luego que decir que los inicios de la terminología se pierden en la noche de los tiempos no deja de tener gracia.

Oo

Ojos como platos.

Ojos muy abiertos que denotan sorpresa. Sorprendido, atónito.

Un símil que ha perdido toda la posible frescura y novedad que tuvo al principio, para convertirse en una frase estereotipada. Es de cercano origen; la primera citación es de 1966 y de Vargas Llosa (*La casa verde*, 1966), pero esto no implica que fuese él quien la inventase. Lo que sí resulta interesante es obsevar cómo los escritores repiten estos símiles sin tratar de ofrecer algo novedoso, diferente. A todos un cariñoso tironcillo de orejas. Y aprovecho para recordar que el 30 de abril de 2005 Blanco y Negro Cultural cambió su nombre por el más largo ABCD las Artes y las Letras, pero no de contenidos y desde luego que no decidió podar los escritos de sus colaboradores de muletillas, clichés y demás cojeras del idioma.Y así su más adicto a la fraseología manida Manuel Rodríguez Rivero, tiene ocasión de hablarnos de “ojos como platos”, y nos dice: “... no me vino mal a la hora de ver (con los ojos como platos) *El último tango en París.*” Pues muy bien, don Manuel, y muy mal ABC. Los periódicos no están sólo para dar noticias, sino para instruir también.

En olor (loor) de multitud.

Recibir, o ser objeto de cariño, afecto y popularidad.

Posiblemente de “olor de santidad. Este cliché relativamente nuevo no es muy querido por eruditos de la lengua. Así, Ricardo Senabre dice en El Cultural, 10/10/2001, “... incluye *en olor de multitudes*, pintoresca locución si de verdad existiera, podría quizás aplicarse al metro en hora punta.” Y también dice: “Que gentes de escasa competencia idiomática digan o escriban un disparate no autoriza a darle entrada en un diccionario.” Pues resulta que gente de tan escasa competencia idiomática como García Hortelano, Martínez Mediero, Miguel Delibes y Luis María Anson, por ejemplo, han utilizado el cliché. Amando de Miguel también arremete contra la frase en su librito *La perversión del lenguaje*: “Francisco Ayala se extasía ante esa expresión que con frecuencia aparece en los periódicos, en la que se declara estar alguien en olor de multitud y que el novelista-sociólogo tacha de disparate. Se puede uno morir en olor de santidad porque lleva hasta el final fama de santo, pero en olor de multitud no puede ser más que caminar rodeado de un desagradable olor a sudor. Con todo, vendrá un día en que los académicos tendrán que aceptar que tan bárbara expresión equivale a tener carisma, ser reverenciado por el pueblo, recibir aclamaciones públicas." Pero hay mucho más: el *Manual de español urgente de EFE* (Cátedra, 1994) explica que "... no es buena la actitud de muchos periodistas que escriben con absoluta despreocupación [...] que repiten hasta la náusea tópicos (*de alguna manera, en otro orden de cosas, en olor de multitud).*" Comentando y reseñando otro diccionario, el profesor Senabre, dice "No recoge, claro está, (sic) *en olor de multitudes.*" Por mucho que nos obstinemos la realidad no es como queremos que sea, sino como es. Y el profesor Fernando Lázaro Carreter nos dice en su *El dardo en la palabra*: "La locución *en olor de multitud* era aún reciente en 1975 [...] Ignoro quién la inventó, pero es evidente que estaba sugerida por el clásico *en olor de santidad.*" Y para rematar, el *Libro de estilo de ABC,* 2001, dice: "En olor de multitud. Es preferible a en loor de multitud." Aún así Manuel Rodríguez Rivero escribe "loor" (ByN Cultural, 26/10/2002): "... ha vivido en loor de multitud una de las campañas de promoción..." Es curioso que éste sea el cliché favorito de los detractores, ¡con todos los que hay! La primera citación que tengo es de 1939, y por edad ya se debería haber jubilado.

Opiniones para todo.

Muchas y variadas opiniones.

"Sobre gustos no hay nada escrito" nos dice el proverbio y nuestro cliché, que es muy reciente en lengua castellana, es una variante. No he conseguido documentación anterior al año 1994. Debe de ser una versión de un posible "opiniones para todos los gustos." Manuel Rodríguez Rivero nos daba un buen ejemplo de uso: "... en el pequeño mundo de los mentideros literarios capitalinos ha habido opiniones para todo..." Claro, claro...

En otro orden de cosas.

Otro tema o cuestión. Equivale a: "Cambiando de tema..."

Fernando Lázaro Carreter cree que son los periodistas los culpables de este cliché: "Los periodistas caen continuamente en clichés de la jerga profesional que empobrecen la lengua. ¿Por ejemplo? Repetir continuamente 'en otro orden de cosas.' Parece que uno ya no es periodista si no dice 'en otro orden de cosas.' Los grandes periodistas son los que se apartan del cliché y crean su propia lengua..." (Babelia, El País, 13/10/2001.)

También lo han empleado Julio Casares, Unamuno, Gironella, Castilla del Pino y Javier Tusell, por ejemplo, que no eran o son periodistas profesionales. Y Rodolfo

Enrique Fogwill hace un retruécano con el título de su novela *En otro orden de cosas*, 2008, porque trata del orden de las cosas impuestas a los hombres. Los diccionarios no se han percatado de la existencia de esta inane locución, a pesar de que abunda mucho.

Estar a la (al) orden del día.

Ser habitual, cotidiano, normal.

El Diccionario de la Academia acepta la frase, orden del día, en su edición de 1884, como "Orden del día. Determinación de lo que en el día de que se trate deba ser objeto de las discusiones o tareas de una asamblea o corporación." Sin embargo, "estar a la orden del día", nuestro cliché, no consta, a pesar de que ya se decía en aquel tiempo, como comprobamos por la cita de Nicomedes Pastor, "... podríaslo creer por estar eso de suicidarse al orden del día..." (*Discursos,* 1844-63). Puede también ser "a la orden del día" o "al orden del día." El origen es la orden que se da a los cuerpos del ejército cada día.

Oscilar alrededor de.

Fluctuar, cerca de.

De estas expresiones vacías e impropias, dice Lázaro Carreter en su *Dardo en la palabra*: "No hay demostración más paladina del estado de amasijo en que el idioma invade los sesos de muchos sujetos que viven de él. Han aprendido las palabras, conocen sus formas, pero los significados son, para ellos, gelatinosos, carentes de perfil; constituyen todos un engrudo. Y, así, la temperatura puede *oscilar alrededor* de 20 grados..." Yo añadiría que podemos aplicar al lenguaje las palabras que Camilo José Cela escribió sobre el ensayo en general que "...ha de estar al servicio de la claridad y del rigor del pensamiento. Repárese en que un pensamiento expuesto con rigor es siempre claro, aunque cueste trabajo entenderlo." (Prólogo a *Cuatro figuras del 98 y otros retratos y ensayos españoles*, 1961.) Aparece en 1962.

Pp

Infinita paciencia.

Más paciencia de la que se considera normal.

Hay muchas expresiones sobre la paciencia en lengua castellana, pero ahora nos interesa la colocación "infinita paciencia" que comenzó pronto, quizá fuese el Inca Garcilaso de la Vega, en 1578, unos de los primeros en usarla, y sigue empleándose, como cliché esclerotizado, por José Donoso, Rosa Regàs, Carlos Ruiz Zafón y Alfonso Rojo, como ejemplos representativos. Como "infinito" significa que no tiene límites, la frase no está mal, pero se ha convertido en un buen ejemplo de frase hecha, manida, que deberíamos evitar ya que hay casi "infinitas" posibilidades para expresar la misma idea de otras formas. Google nos da 145.000 ejemplos de uso en el ciberespacio.

En el buen sentido de la palabra.

Y no se interprete mal.

Bordón vacío que implica que lo dicho puede tener varias interpretaciones o que es un retruécano de difíciles o variados significados de los que hay que advertir al lector. Creo que si lo dicho o escrito no está claro –tiene un "mal" sentido- y puede dar pie a errores, lo mejor será modificarlo, pulirlo y aclararlo, en vez de dejar al albedrío del lector o interlocutor la interpretación correcta. Un buen ejemplo nos lo da la primera citación de 1845, de Joaquín Francisco Pacheco, que no deja claro cuál puede ser el "mal" sentido de la palabra "legítimo", cuando nos dice: "... precisamente ha sido en ellos lo legítimo, en el buen sentido de esta palabra, lo que más se separaba de aquella idea." Posiblemente se refería a los "legitimistas" españoles del siglo XIX. Hasta Menéndez Pelayo recurrió al cliché para que, posiblemente, no se le achacase de escéptico, claro, cuando escribió: "La Metafísica nada tiene de ciencia exacta, y en este punto, queriéndolo ó sin quererlo, todos somos más ó menos escépticos, por supuesto, en el buen sentido de la palabra." Pocas veces queda claro cuál es el buen sentido de la palabra. No está este cliché reseñado en ningún diccionario fraseológico hasta ahora, ni en el de la Real Academia Española, aunque copiones vendrán que los diccionarios mejorarán, como dice un antiguo refrán castellano. Pero el incansable Google, buscador de internet, nos da 700.000 resultados. Bien debiera haber captado la atención de filólogos y lexicógrafos. El caso es que desde mediados del siglo XIX sigue vigente a pesar de lo poco que aporta al idioma.

En otras palabras.

En resumen, resumiendo.

In other words dicen en lengua inglesa para copiar el tan hispánico cliché "en otras palabras", de pura envidia que les da a los anglosajones. El idioma español es muy suyo y gusta de emplear muchas palabras a pesar de la fama de parco que tiene en el extranjero. El buscador Google nos apabulla con 521.000 ejemplos de uso en el llamado mundo cibernético. En la la citación del año 1845, Joaquín Francisco Pacheco, nos regala dos: "o sea" y "en otras palabras": "...el elemento aristocrático, y el elemento popular; o sea, en otras palabras, la representación de la unidad y del supremo orden del estado..." (*Lecciones de Derecho Político*). No puede haber más claridad en la expresión. Algunos diccionarios (Clave2, *Gran diccionario de frases hechas*, el María Moliner, el *Diccionario de uso*, de Vox) ignoran el cliché por completo, y hacen mal porque tenemos constancia escrita desde 1845. Ya sabemos que la frase hecha contamina a todos, son como los virus informáticos, o como el coronavirus.

Palabras mayores.

De importancia, peliagudo, a tener en cuenta.

Según el DRAE 2001 las palabras mayores son "las injuriosas y ofensivas". La cita de Cervantes, de 1613, "… cesen aquí palabras mayores, y desháganse entre los dientes; y, pues las que se han dicho no llegan a la cintura...” parece indicar qué ésta era la definición. El *Gran diccionario de frases hechas*, de Larousse, copia, cómo no, lo que dice la Academia, pero se equivocan los dos. La definición que doy arriba es la que se ajusta al uso del idioma de hoy. Ya he dicho en otra parte que en el oficio de la lexicografía se dejan muchos cabos sueltos flotando al aire de la improvisación. En Internet, Google, nos da 450.000 resultados con “palabras mayores”. “Cosa de importancia mayor de lo corriente” define la locución atinadamente el *Diccionario fraseológico documentado del español actual*, 2004, lo cual indica que no todos dormitan como hacía Homero a veces.

Palpar en el aire (ambiente).

Notarse mucho, ser muy obvio, inminente, percibirse.

Algo en el ambiente que es tan obvio y se nota tanto que hasta se puede palpar con los dedos de la mano, como en el ejemplo primero de Fermín Cabal, de 1978, que nos dice: “La guerra se palpa en el aire.” No está mal la frase, lo malo es su imitación y repetición constante desde esa fecha.

El diccionario Clave2 explica que palpar es también es “percibir tan claramente como si se tocara” y nos da como ejemplo “en el ambiente se palpa un gran nerviosismo.” No se ha percatado de la existencia del cliché, claro, y lo repite. Y esto es un grave problema, como ya he dicho en varios artículos de este libro, porque la frase estereotipada se filtra por todas partes y es difícil reconocerla y anularla. Nos viene a las mientes sin darnos cuenta.

Vamos (vayamos) por partes.

Considerar la cuestión o materia con detenimiento y rigor.

Es ciertamente curioso que cuando una frase no está listada en el diccionario de la Real Academia Española, tampoco aparece en otros diccionarios. ¿Intertextualidad al revés? ¿Manera cómoda de hacer investigación lexicográfica? Lo más impresionante es que esta frase, ahora cliché, aparece, por ejemplo, en 1830 y empleada nada menos que por el venezolano Andrés Bello (1781-1865), famoso por su *Gramática de la lengua castellana*: "De manera que por esa sola cuenta hubo en Roma como 1200 grandes lumbreras poco más o menos, en sólo el siglo de Cicerón. Pero vamos por partes." Sí que consta en el *Diccionario fraseológico documentado del español actual*, más serio y riguroso que los demás lexicones, que nos dice: "Considerar aisladamente cada uno de los aspectos de la materia que se trata." Tomamos algo y lo dividimos en partes para su mejor estudio o reflexión. Indica la intención de no precipitarse y considerar el tema atentamente. El cliché aparece casi siempre como "vayamos (vamos) por partes, y equivale a "reflexionemos", "consideremos la cuestión minuciosamente."

Con pelos y señales.

Con muchos detalles, minuciosamente.

Tomás de Iriarte (1750-1791) conocido por sus fábulas donde los animales hablan y dan sus opiniones sobre literatura y política y atacan a los enemigos del escritor, nos da un primer ejemplo de esta locución en su *Fábulas literarias* de 1782 "El fidedigno padre Valdecebro, que en discurrir historias de animales se calentó el celebro, pintándolos con pelos y señales…" Entra en el diccionario de la Academia en la edición de 1884 como "pormenores y circunstancias de una cosa", cien años después. Resulta comprensible esta tardanza en aceptar una frase por parte de la Real Academia de la Lengua si consideramos los escasos medios técnicos de aquel tiempo. Ahora ya no es así. El buscador Google de Internet da 190.000 resultados. Muchos han empleado el cliché, pero tales avales no deberían alentarnos a usarlo, al contrario. Absténgamonos de dar tanta información, tantos pelos y señales.

A duras (malas) penas.

Con dificultad, esfuerzo.

En 1424 y en el *Tratado de consolación*, tenemos una cita o ejemplo de esta frase: "... non he avido lugar de escrevir a vuestra merçed en todo el tiempo pasado fasta agora, que a duras penas só guarido de la landre..."

La Real Academia Española le expide certificado de empadronamiento léxico en 1737, y ahora el buscador de internet, Google, nos informa de que andan por ahí nada menos que 520.000 ejemplos de uso. Pero comprobemos qué nos dicen los principales diccionarios de "a duras penas" para constatar y comparar:

María Moliner: "Se aplica a una acción que se ha realizado o se realiza o se espera realizar, pero muy apuradamente: 'A duras penas reunimos el dinero para el viaje'.

Diccionario de uso del español de América y España: "se utiliza para indicar que una cosa se hace con grandes dificultades o muy apuradamente."

DRAE, 2001, "Con gran dificultad o trabajo."

Casares: "Con gran dificultad o trabajo."

Diccionario fraseológico del español moderno: "Con gran dificultad o trabajo."

Clave2: "Con gran dificultad".

Diccionario fraseológico documentado del español actual: "Con gran dificultad."

Gonzalo Correas en su *Vocabulario de refranes y frases proverbiales* de 1627 decía "A duras penas. Kuando se alkanza kon difikultad. Enkareze más ke «a penas»."

Pero Julio Casares nos da idea de esta locución adverbial en su *Introducción a la lexicografía moderna*, 1950: "En las locuciones adverbiales a duras penas y a malas penas, el substantivo conserva intacto su significado de "trabajo, dificultad", que es el mismo que tuvo originariamente en a penas, forma simplificada cuyo pleno valor semántico puede verse en los textos antiguos. La Crónica General nos refiere que Neyo perdió en una batalla "toda su companna y él escapa end apenas", es decir, con gran dificultad. En otro lugar de la misma Crónica leemos que el "castiello que dizen Alcalá era... tan fuerte que a penas se podrie guerrear". Las grafías "a penas" y "apenas" aparecen indistintamente en un mismo texto, y todavía Cervantes hacía uso de ambas." "A malas penas" ha dejado de emplearse, ha muerto en el camino, en combate verbal.

Sin (ni) pena ni gloria.

Indiferente, sin interés, sin destacar.

El buscador de Internet Google nos da los siguientes resultados: con "NI pena ni gloria" 17.000 documentos. Con "SIN pena ni gloria" 400.000. Esto indica que en la actualidad se emplea más la forma segunda, con "sin", que la primera, y mucho, además. Tiene partida de nacimiento oficial de 1737 en el Diccionario de Autoridades que dice: "Ni pena ni gloria. Expression con que se significa, que a alguno no le hacen impresión las cosas, o que no se mueve, ni al bien, ni al mal, manteniéndose en un estado de indiferencia." En su edición del 2001 se nos dice: "1. loc. adv. Sin destacar, de manera discreta." La primera citación que se ha encontrado es de 1790, que va con "sin", pero, claro, estaba ya vigente en 1737. Fernán Caballero nos da un buen ejemplo de uso: "... yo creo que ese triste lugar sin pena ni gloria es para los que no son bastante malos para serlo de hecho, ni bastante buenos para serlo de dicho." "Sin especial relieve o sin notoriedad", nos dice el *Diccionario fraseológico*, de Seco; los demás diccionarios no dicen nada. Se han quedado mudos.

Cabe pensar.

Se puede o es posible pensar, considerar.

Dice don Fernando Lázaro en su *El dardo en la palabra*: "Cabe pensar, sin embargo, que eso de *la práctica totalidad* sea una tontería, una bobada suelta..." El verbo caber tiene, entre entre otras, la acepción de "ser posible o natural." Así "el cabe pensar" que nos interesa ahora significa que es "es posible o natural pensar..." que está con nosotros desde comienzos del siglo XX, como su primo hermano "cabe preguntarse", que se encuentra en otro lugar de este libro. El cliché ha seducido al historiador Ballesteros, al sobrino de Baroja, Caro Baroja, al erudito y prologuista mío Zamora Vicente, al novelista Max Aub, al lingüista Julio Casares y al economista Ramón Tamames. De todo escrito debemos suprimir las palabras innecesarias, ir al grano, como dice el llamado vulgo.

Ni corto (tardo) ni perezoso.

Decididamente, resueltamente, sin titubear.

Los escritos están plagados de frases hechas, de bote, como la que nos ocupa ahora. La primera cita que tenemos es de 1911, pero no recibe papeles hasta 1992, cuando la Academia reconoce su existencia: "Ni corto ni perezoso. Loc. Con decisión, sin timidez." No reseña la frase María Moliner pero sí el Clave y el *Diccionario de uso*, de Vox, 2003, obras más recientes. Y el buscardor Google, de Internet, nos da 170.000 resultados panhispánicos. Manuel Rodríguez Rivero se apunta y nos dice: "De manera que, ni cortos ni perezosos, sus responsabilidades han decidido convocar un concurso..." (ByN Cultural, 25/9/2004). Aconsejo que tratemos de emplear algo más novedoso para expresar la misma idea. ¿Que es difícil? Pues claro.

Pero que muy.

Expresión para reforzar lo que se dice a continuación.

A pesar de tener una primera citación del año 1275, la Academia le da el visto bueno en 1985 por primera vez y la describe en su edición del 2001 como "Ante adjetivos y adverbios para darles mayor relieve." Es chocante lo que tarda la Real Academia en darse cuenta de la existencia de un cliché. Google, de Internet, nos da, por ahora, 768.000 resultados con combinaciones como *pero que muy nervioso, urgente, real, viciosa, bueno, claro, complicado, combativo, fraile*...El *Diccionario de frases hechas* de Larousse parafrasea la definición de la Academia. Es locución muy antigua. Me parece "pero que muy" inofensiva e inútil.

Poner peros.

Poner objecciones, reparos, defectos.

Nos dice el colombiano Baldomero Sanín que "la palabra 'pero' abunda en la conversación ordinaria, en los escritos de principiantes (que por su calidad de tales son testigos más atendibles) y aun en retóricos de machacada experiencia. Existe por esto la frase *poner peros*, que significa poner óbices." "Pero" o "peros" son reparos, objeciones, -sí, pero...; de acuerdo, pero...

Estrictamente personal.

Personal, privado.

A pesar de que María Moliner dice que "estrictamente" es "rigurosamente, sin concesiones, excepciones o amplitud en la interpretación," nos da los ejemplos: "estrictamente confidencial" y "estrictamente indispensable", que no podemos aceptar por lo que creo es un mal uso de palabras modificadoras. Pero nos da Fernando Lázaro

Carreter en su dardo de 1986 *(El dardo en la palabra*, 1997) una anécdota de José López Rubio que recibió una invitación de una compañía nacional de teatro para asistir a un estreno, con la advertencia: "Esta invitación, estrictamente personal, es válida para dos personas." Ahí queda eso. Con frecuencia las sandeces o despropósitos lanzados por los hablantes se instalan en el idioma y se repiten hasta que nos parecen dechados del buen decir, y que no podamos concebir "personal" sin que vaya acompañado de "estrictamente." Este cliché es moderno, de los años cincuenta del pasado siglo y ha echado raíces, y muy profundas porque Google nos da 335.000 ejemplos de uso.

Personal e intransferible.

Para una persona sólo y para nadie más.

Es de invencion muy reciente en el idioma, quizá Ramón la inventase, cuando nos dice en su *Automoribundia*, 1948, "No es extraordinaria la pipa inglesa, no; lo extraordinario o la extraordinaria es a veces la pipa del inglés, pipa personal e intransferible." Normalmente la pipa sólo la chupetea una persona; que la babease más gente sería repugnante. Leyendo las citas de uso vemos que se emplea este cliché simplemente por usarlo ya que no añade nada a lo que se dice y, además, no suele venir a cuento. Pero el buscador de internet Google nos da 435.000 ejemplos navegando por el ciberespacio. Esa cantidad es importante para una frase tan huera. Los diccionarios no la incluyen. Una cosa es cierta: que nuestra vida es personal e intransferible y nadie puede vivir por nosotros; lo demás no lo sé.

Una auténtica pesadilla.

Situación grave; angustiosa experiencia, preocupación.

Una pesadilla es un mal sueño que produce angustia y temor. En los últimos treinta años los vocablos "auténtico" y "pesadilla" se han hermanado para crear un cliché para expresar la idea de situación grave o angustiosa, como nos dice El Norte de Castilla: "Sin embargo, los ciudadanos de a pie siguen sufriendo el precio de las viviendas como si de una auténtica pesadilla se tratara." Estos tópicos restan calidad al discurso y se parecen a las rimas fáciles en la mala poesía, "tilín tilín, cascabelín, tilín, tilán, sonando van". Sustituyen al esfuerzo creador tomando el curso fácil, la frase hecha, en vez de expresar las ideas con locuciones nuevas. Pero para esto hay que pensar, y la frase hecha es enemiga del pensamiento. En este caso la palabra "pesadilla" sola es siempre suficiente en los ejemplos que tenemos:

A pesar de los pesares.

A despecho de las penalidades o esfuerzos.

DRAE "a pesar de todo; a pesar de todos los obstáculos." Entra en la Real Academia Española en 1984 como "A pesar de todas las cosas, a pesar de todos los obstáculos." Con esa manía que tienen los diccionaristas de colocar etiquetas a las palabras y frases, el *Diccionario de uso*, de Vox, nos dice que es "coloquial." El caso es que Juan Valera nos habla ya de "a pesar de los pesares" en carta de 1847, un siglo y medio antes de recibir el bautismo académico y es que, como ya he dicho en otra parte, "las cosas de palacio, van despacio" con la Real Academia Española. El buscador Google nos da 197.000 resultados en internet, lo que indica que sigue merodeando este cliché y que tiene vida para rato, como no pongamos remedio.

De a pie.

Común y corriente.

María Moliner: "se aplica a las personas que no gastan coche."

Clave2: "referido a una persona, normal o modesta."

El *Diccionario de* uso..., de Vox, siempre tan locuaz, nos dice: "Persona que dentro de un grupo no tiene una responsabilidad especial ni ocupa un puesto de relevancia y representa el tipo medio." El DRAE anota el cliché en su edición del 2001, y no antes: "dicho de una persona, normal y corriente." Este significado es próximo a nosotros.

Ahora tenemos, según podemos leer, ciudadanos, contribuyentes, españoles, gente, cristianos, espectadores, periodistas, feos, usuarios y lectores, escritores de a pie. Nada menos. Quizá por eso nadie quiere bajarse del automóvil, para no ser "de a pie", que no es cosa buena. Y así nos va el tráfico de nuestras ciudades.

Como la copa de un pino.

Grande, enorme, importante.

Símil de reciente acuñación y empleado por finos estilistas como Ussía, Antonio Burgos y Juan Manuel de Prada. El conjunto de las ramas de un árbol es la copa de éste. No está en el diccionario de la Academia Española y tampoco aparece en el María Moliner de 1965. Esta frase no me parece una acuñación feliz, pero creo que dicen que sobre gustos... Y debemos suponer que es la copa de un pino grande. 293.000 copas de pino tiene en su haber Google, el de internet. Estos símiles son estúpidos y demuestran pereza intelectual, pero forman parte del idioma y merecen un estudio profundo aparte.

Enmendar (corregir) la plana.

Corregir, enmendar, sacar faltas a otro.

Plana es una hoja de papel escrita y eran los profesores los que corregían la plana a los alumnos, como indica el Diccionario de Autoridades (1737): "Corregir o enmendar la plana. Phrase que además del sentido recto, que se usa en la escuela de niños: vale advertir o notar persona de más inteligencia algún defecto en lo que otro ha executado." No ha mejorado mucho la definición en el diccionario de 2001: "Advertir o notar en otra persona de menor peso (sic) o conocimiento de algún defecto en lo que esta ha ejecutado." Se supone que lo de peso se refiere a importancia y no a lo que dice la báscula. Se equivoca el *Diccionario práctico de locuciones*, de Larousse, cuando dice que la frase proviene del sector periodístico y "que se refieren a las correcciones que se hacen a última hora, cuando las páginas (planas) ya están montadas." A esto lo tildaba Salvador de Madariaga de "etimología popular." Es una frase de éxito porque aquí en España se da bien eso de corregir, sacar defectos, encontrar fallos... Y el que esté libre de pecado que tire la primera piedra.

El plato fuerte.

Lo importante, la cuestión principal.

En una comida el plato fuerte es el principal, de ahí la frase hecha, que es reciente. La primera noticia de ella nos la da Julio Cortázar. Se emplea con frecuencia en la conversación cotidiana y ha invadido los medios de comunicación que tanto gustan de repetir frases trilladas. *El Diccionario de uso del español de América y España*, nos dice: "Cosa que destaca o es la más importante entre las varias que componen algo." Y Ricardo Senabre escribía a propósito de una novela de Juan Bas: "... expresiones inertes, como 'desde la más tierna infancia' o 'el plato fuerte del programa' que convendría desterrar de cualquier obra con pretensiones artísticas." (El Cultural, 22/1/2004.) Pero a Pablo d'Ors todo esto le tiene sin cuidado y nos dice con desparpajo (ByN Cultural, 14/8/2004) "Pero el plato fuerte de esta narración es la figura del padre..." 520.000 platos fuertes tiene el buscador de internet Google. Siempre resulta más fácil emplear una frase zombi que descubrir otras maneras de decir.

A corto plazo.

En un futuro próximo, en poco tiempo, pronto.

En 1622 el Conde de Villamediana escribió: "que tan eficaz veneno / da la muerte a corto plazo." Y el buscador de internet Google nos da 13 millones de ejemplos de uso, lo que quizá pueda demostrar lo mucho que gusta la gente de los lapsos de tiempo cortos y de la poca paciencia que se tiene. Plazo es término o espacio de tiempo señalado para que se termine una cosa, nos dice doña María Moliner en su diccionario original. Se opone hoy a la expresión "largo plazo" que significa lo opuesto. Tiene avales importantes, como los que le dio el Padre Feijoo, Emilio Castelar y Juan Benet.

Ni poco ni mucho.

Nada.

Este cliché se ha escapado a la atención de estudiosos y lexicógrafos. Ni siquiera la Academia ha tenido noticias de él y eso que hasta Julio Casares, Académico y secretario perpétuo que fue de la Real Academia Española, lo emplea en su *Crítica efímera*, de 1919, y *dándole caña* a M. Roso de Luna. Pasa desapercibido porque al no reseñarlo nadie, no se puede copiar. A la gente en España le encanta copiar. Copiar es, con la envidia, el deporte nacional. A partir de ahora ya tomarán nota los eruditos a la violeta adictos a la rapiña. Manuel Seco sí que sabe del cliché y lo anota en su *Diccionario fraseológico.* Nada menos que desde 1254 está la frase en nuestro idioma, y la han empleado Quevedo, Pedro Antonio de Alarcón, Unamuno, Pérez de Ayala, Juan Goytisolo, Sánchez Dragó, Eduardo Mendicutti, Sánchez-Ostiz y hasta Jesús Hermida... ¿Se puede *pedir* más documentación? Añado que también aparece como "ni mucho ni poco," como dijo González-Ruano en un escrito. 43.240 resultados nos da Google, buscador de internet.

Polémica estéril.

Discusión que no da resultados.

Polémica es discusión sobre un tema, y estéril es es lo que no da fruto o no produce nada. Discusión que no da resultado alguno es pues el significado de nuestro cliché, que es reciente, de los años 70 del siglo pasado. No aparece en ningún diccionario ni como frase ni como cliché, por ahora. Quizá todas las polémicas sean estériles y no conduzcan ni a acuerdos ni a resultados porque los que se enzarzan en polémicas no suelen ceder su posición inicial o preconcebida. Esperemos que el cliché no prospere, pero no nos hagamos ilusiones, por si acaso. Google tiene registradas 8.000 poémicas estériles en sus archivos cibernéticos. Y Luis María Anson nos regala un buen ejemplo de uso cuando escribe: "No voy a entrar en polémicas estériles ni dedicar un minuto a quienes no son capaces de reconocer el talento." Y hace bien.

Levantar gran polvareda.

Escándalo, revuelo, agitación.

El significado literal es el polvo que se levanta cuando en los caminos no asfaltados circulan coches, carros, caballerías o personas. Así tenemos una cita de autor anónimo de 1541, "Relación de las cerimonias y rictos y población y gobernación de los indios de la provincia de Mechu..." donde leemos este significado literal: "... y levantáronse todos, y fuéronse a su pueblo con gran polvareda que iban levantado...", polvareda que es molesta y desagradable, claro. Y de ahí procede el significado de "revuelo, agitación, escándalo" que tiene desde el siglo XIX y donde tenemos un buen ejemplo en el peruano Ricardo Palma: "... debió levantar gran polvareda en la sociedad limeña, tan dada a lo nobiliario entonces como ahora en nuestra edad democrática..." (1889). El diccionario académico de 2001 nos dice: "Armar, levantar, o mover, polvareda, o una polvareda. Frs. cloq. armar una cantera. Dar motivo a grandes disensiones." Como definición nos remite a otra frase: "armar una cantera" que define como "Col. dar causa con algún dicho o acción a que haya grandes disensiones." Esta frase no viene reseñada en ningún diccionario de los que manejo. Misterio. El Diccionario de Autoridades (1726-39) tampoco nos habla de canteras y define la frase como: "Polvareda. Metaphóricamente se llama a la qüestión, altercación, con que se obscurece y confunde más la verdad de alguna." Ya habrán notado que esto de la fraseología es un tema muy peliagudo.

Sin precedente.

Que no ha ocurrido antes; lo que no tiene origen y es nuevo o aparece por primera vez.

Este cliché rimbombante se emplea sin pensar en su significado real, ya que todo tiene un precedente y raro es lo verdaderamente novedoso. Se pretende ensalzar algo por medio de esta locución al sugerir que no tiene raíces, o parangón, en el pasado. Alejandro Gándara nos dice: "... cuando la cultura occidental o de la imprenta experimentaba una crisis sin precedentes (como dicen todos los días en el telediario a propósito de cualquier crisis)." Y tiene razón porque cuando los medios repiten un cliché, lo hacen hasta exprimirle todo el jugo posible y asquear al público... Julio Casares, tan purista él, pecó con este cliché en su *Crítica efímera*: "A costa de un sacrificio editorial, sin precedente, se nos ofrece una intensa obra cultural, que, a pesar..." Y hasta Fidel Castro lo empleó hiperbólicamente, como orador que era: "Heroísmo que se ha invertido no solo en nuestra tierra con nuestra sangre, sino que en un ejemplo de generosidad, sin precedente en la historia…" El caso es exagerar... pero así son los clichés... ¡Qué le vamos a hacer! Pero no imitemos estas memeces hiperbólicas, por favor.

Sin que sirva de precedente.

No se crea o piense que va a ocurrir otra vez o que sirva como ejemplo para posibles repeticiones.

Mis investigaciones han dado como resultado que el cliché "sin que sirva de precedente", frase hecha, manida, que da a entender que la acción que se hace no se debe esperar que se repita, que establezca un precedente para una futura repetición; y es reciente, de los últimos cuarenta años. En la edición de 1965, María Moliner, reseña "servir de precedente" aunque no da definición; dice "Frase de significado claro." En derecho hay acciones o procedimientos que sientan un precedente, como, por ejemplo, nos dice D. Antonio Maura y Montaner en su obra *Dictámenes*, "... porque su resolución serviría de precedente para otros casos, de entablar pleito ordinario..." Y para que esto no sea así se ha inventado la locución que ahora es ya cliché y que de poco nos sirve. J. J. Armas Marcelo dice en "ABCD las Artes y las Letras" (nunca lo hubiese creído): "Por eso, y sin que sirva de precedente para otros documentos colectivos, [...] añado desde aquí mi nombre..." El buscador Yahoo nos da, en este momento, 130.000 resultados donde se encuentra la frase.

Con premeditación y alevosía.

Con malas artes, intenciones.

El Artículo 22 del Código Penal, aprobado por LO 10/1995, dice, mareando la perdiz: "Son circunstancias agravantes: 1ª) Ejecutar el hecho con alevosía. Hay alevosía cuando el culpable comete cualquiera de los delitos contra las personas empleando en la ejecución medios, modos o formas que tiendan directa o especialmente a asegurarla, sin el riesgo que para su persona pudiera proceder de la defensa por parte del ofendido." Desaparece del Código Penal de 1995 la premeditación, precisamente porque queda embebida en el concepto de alevosía. Quedaba recogida la premeditación y alevosía en la Novísima Recopilación 1805, y las leyes que aprueban un Código Penal en España son de 1822, 1848-50... Y por ese motivo Pedro Antonio de Alarcón (1833-1891) nos habla en 1852 de "¡Usted me hiere con premeditación y alevosía! ¡Usted merece morir ahorcada por mis brazos." Y Poco después emplea la frase Concepción Arenal, 1856, cuando escribe: "¿No ejecutan el delito con premeditación y alevosía, con circunstancias que le agravan?" El caso es que una expresión de la jurisprudencia ha saltado al ruedo, al ring, mejor, del idioma corriente y la ha utilizado Pardo Bazán, Joaquín Calvo Sotelo, Sánchez Dragó, Luis Mateo Díez...

Mala (buena) prensa.

Mala (buena) reputación; lo que está mal (bien) visto.

Cuando la prensa maltrata a alguien o algo, con o sin razón, se emplea la expresión, pero va más allá de los periódicos porque el cliché se utiliza sin involucrarlos, independientemente de éstos. Ni María Moliner ni Julio Casares recogen la frase en sus diccionarios. Entró en el DRAE en 1925, lo cual indica que ya se empleaba mucho antes, -Julio Nombela (1836-1919), por ejemplo- sabiendo la lentitud de los académicos en reseñar nuevas aportaciones al idioma. Es especialmente interesante es cómo lo aplican Blázquez y Cabrero en *La aventura de la historia*, año 3, nº 35: "A pesar de todos estos testimonios, los sacrificios humanos siempre tuvieron muy mala prensa entre los romanos..." Se puede emplear como "no tener buena prensa", por ejemplo, como lo hace Javier Pradera en Babelia (19/10/2002) "El pragmatismo nunca ha gozado de buena prensa."

Hacer acto de presencia.

Presentarse, acudir, aparecer, entrar, llegar.

En las predicciones meteorológicas de la TV, nunca nieva simplemente, sino que "la nieve hace acto de presencia." Por eso quiero citar otra vez a Fernando Lázaro Carreter, *El dardo en la palabra*, donde nos dice: "Los rodeos perifrásticos del tipo reseñado, mejor dicho, su abuso, no corresponden al genio de nuestra lengua; quienes los emplean deberían esforzarse, si no en evitarlos por completo, en emplearlos con tiento: que no jubilen los verbos simples." Creo que esto ocurre en otros idiomas también, donde se prefiere el rodeo al verbo simple. Este circunloquio ha tenido mucho éxito en el idioma desde que apareció en 1532: "En cuanto a la recriminación que me hace de que no hago acto de presencia en mi parroquia, has de saber que, por privilegio especial del Papa, estoy exento de tal obligación a condición de tener un..." hasta nuestros días en que el buscador de Internet, Google, nos da nada menos que 422.000 ejemplos de uso. El diccionario de la Real Academia Española le expide certificado de nacimiento en su edición de 1950. Y en el 2001 dice: "Asistencia breve y puramente formularia a una reunión o ceremonia." La cita más chusca es la recopilada por Lázaro Carreter: "Una noticia da cuenta de un atraco: tres individuos armados *hicieron acto de presencia* en una sucursal bancaria y se llevaron dos millones de pesetas." Ahí queda eso, que da qué pensar.

Sin prisa y sin pausa (descanso, reposo)

Lentamente pero sin cejar.

Rebuscando por libros he encontrado variantes; por ejemplo, José Luis de Vilallonga en su prólogo al patético e infumable *Desmontando a Cela*, dice: "Solapadamente, pero sin tregua ni descanso, comenzó a hacerme preguntas..." Posiblemente del inglés *slowly but surely*, y ha caído en gracia si consideramos la cantidad de escritores que la han empleado. Tengo una primera cita de Ortega que nos dice "Se desliza el Glosario sin prisa y sin pausa, según Goethe quería..." y luego han repetido el cliché Lafuente Ferrari, Gili Gaya y Francisco Umbral… Creo que ha llegado la hora de jubilar esta memez.

Terminantemente prohibido.

Prohibido.

Lo prohibido está prohibido. *Terminantemente prohibido* es el colmo de la prohibición y mucho más prohibido que simplemente prohibido. Esta colocación es tan absurda que no se comprende por qué se emplea tanto. Se lee en carteles, fachadas, lugares públicos. No vemos ni oímos *completamente prohibido*, *muy prohibido*, *contundentemente prohibido*, *irremediablemente prohibido, prohibidísimo...* Siempre es *terminantemente prohibido.* ¿Fue Don Antonio Alcalá Galiano el inventor de tan extraño cliché cuando escribió "Pero opino que debe estar formal y terminantemente prohibido presentar proposiciones con un número crecido de firmas a su pie." (*Lecciones de derecho político*, 1843-44). De ser así le alegraría saber que 431.000 prohibiciones terminantes se encuentran en internet.

A bote pronto.

Sin pensar, de improviso, de repente; improvisado.

Se emplea por dondequiera, en la conversación corriente, y es de cercana acuñación. Las frases nuevas arrinconan a las viejas. Ley de vida lingüística. Amando de Miguel dice de este cliché (*La perversión del lenguaje*): "No la he visto recogida en ningún lexicón... Ignoro de dónde puede venir y a qué debe su éxito. Sospecho que es su filiación deportiva la causa de su aprecio. Se utiliza mucho por la persona que se ve sorprendida por una pregunta inesperada o atrevida. Vale también para situaciones de improvisación o de concurrencia repentina. En ambos casos sirve de excusa para la cortedad de la respuesta que puede ir a continuación. Como se ve, la frasecita resulta pintiparada para el ejercicio verbal de políticos diestros de muchas camándulas. Los políticos se parecen cada vez más a los futbolistas o los boxeadores cuando les ponen un micrófono delante." Camilo José Cela publicó un libro en 1994 titulado *A bote pronto*, lo cual indica que estaba al día en el lenguaje coloquial. Y su hijo Cela Conde también lo usa en la biografía de su padre: "A bote pronto no parece tener mucho sentido que unos volúmenes tan sesudos..." Miguel Sánchez-Ostiz escribe en su *Un infierno en el jardín*: "Eso no es una profesión -le soltó a bote pronto el jebo montañés, dando una chupada al cigarro." Pero también se ha colado el cliché en los suplementos culturales de los periódicos, como Babelia y el ahora Blanco y Negro Cultural, ABC, donde nos dice Juan Ángel Juristo: "... desde Dostoievski a Makanin pasando por el inmenso revulsivo de los escritos de Andrei Platónov, por citar algunos nombres a bote pronto." (13/9/2003). Y para rematar cito a Manuel Rodríguez Rivero: "... aunque a bote pronto y sin tener a mano el Calendario Atalante..." de Blanco y Negro Cultural. He encontrado 266.000 "botes pronto" en el ciberespacio internético, que demuestra el éxito de algunas expresiones, por bobas que sean.

Como es público y notorio.

Se sabe por todos.

Las dos palabras, "publico" y "notorio" van juntas formando frase hecha desde 1402. El diccionario de la Academia del 2001 dice de notorio: "Notorio: público y sabido por todos." El *Diccionario de uso* de Vox escribe: "Que es conocido por la mayoría de las personas." No mencionan el cliché "público y notorio." Tampoco lo hace el *Diccionario fraseológico documentado del español actual*, 2004, ni el *Gran diccionario de frases hechas*, de Larousse. Pero el navegador-buscador de internet Google sí que recoge 222.000 ejemplos de nuestros días. ¿Podríamos aventurarnos a sugerir "como saben todos" o "como se sabe", en sustitución del cliché? La primera autoridad es de 1402 ("... commo dixo que todo ello era público e notorio." Anónimo, *Requerimiento y memorial de agravios* [Colección diplomática del Concejo de Segura (Guipúzcoa)], Corde, 1402,) y la última del 2017.

A pulso.

Con gran esfuerzo y sin ayuda.

El DRAE de 2001 (22 edición) dice, dando un rodeo: "Con el propio esfuerzo, sin ayuda de otros, sin ventajas ni facilidades." El CLAVE pasa del cliché y nos comenta que a pulso es "haciendo fuerza con la muñeca y la mano y sin apoyar el brazo en ninguna parte, para levantar o sostener algo." Vaya por Dios. Pues no es eso lo que piensan los que emplean la frase… Es ya un zombi archipodrido.

De todo punto.

Absolutamente, completamente, rotundamente.

En una carta del Marqués de Santillana, de 1449, aparece "de todo punto" cuando escribe: "lo qual de todo punto deniegan…", lo cual niegan rotundamente. María Moliner decía que debía ir seguido siempre de un adjetivo negativo, pero no es así. Comparemos diccionarios:

Clave: "enteramente o completamente".

Moliner. "(Seguido siempre de un adjetivo de sentido negativo) completamente."

Diccionario de uso del español de América y España: No lo tiene.

DRAE: "enteramente, sin que falte cosa alguna."

Diccionario fraseológico del español moderno: "(Seguido siempre de un adjetivo de sentido negativo) del todo, completamente.

Diccionario fraseológico documentado del español actual: "absolutamente o de manera rotunda."

Ahora que cada cual saque sus conclusiones. La mía es que es siempre mejor utilizar una palabra en vez de tres.

Punto de inflexión.

Momento de cambio de una tendencia.

En geometría es el punto de una curva en que cambia de sentido su curvatura. Según el diccionario Clave "Punto en el que una curva pasa del valor máximo al mínimo." Y este punto de inflexión aparece en lengua castellana en el siglo XIX y ahora Google nos da 419.000 resultados. En 1734 el llamado Diccionario de Autoridades de la Real Academia Española decía de "inflexión": "Rigurosamente significa dobladura, pero en este sentido se usa rara vez." Pero con este sentido la emplea Joaquín Costa, en 1878, "En el extremo de este brazo hay una llave que cierra herméticamente, otra con embudo en el codo o punto de inflexión de los dos brazos, y en el que llega hasta el agua, una válvula que se abre de abajo arriba." Después ya adquiere el significado de cambio de una tendencia, como ilustra el filósofo Xavier Zubiri: "... esta obra representa, a su vez, un decisivo punto de inflexión en la trayectoria intelectual del mundo griego y de todo el pensamiento europeo." Y así hasta nuestros días. Es una variante más de expresiones como: "un antes y un después", "marcar un hito" entre otras. Veamos:

Punto menos que (bruto, desesperado, imposible)

Casi.

El DRAE del 2001 dice de "punto menos que": "expr. Denota que algo es casi igual con la cual se compara." Y citemos a Lázaro Carreter "Dígalo con rodeos", 1980, "Los rodeos perifrásticos [...], mejor dicho, su abuso, no corresponden al genio de nuestra lengua; quienes los emplean deberían esforzarse, si no en evitarlos por completo, en emplearlos con tiento: que no jubilen los verbos simples." Sin embargo desde Gracián hasta nuestros días se ha asentado este "punto menos que" en nuestra lengua. 121.000 ejemplos de uso cibernético nos da Google.

Punto y final.

Fin de algo.

En el prólogo a su *El dardo en la palabra*, Fernando Lázaro Carreter nos dice que "no suele tenerse en cuenta que el idioma bien empleado es bien entendido y apreciado por las personas poco instruidas, mientras que las rarezas y las extravagancias [...] estremecen a quien sí posee alguna instrucción." Y más adelante añade: "... de modo que una invención gratuita –pongamos decir *punto y final*, o *señalar por último que*- se propaga como un virus incontrolable."

Y más adelante, en el dardo "Punto y final" escribe: "... me llamaba la atención sobre cómo, en una emisora madrileña de alcance nacional, se decía: 'Y ahora *como punto y final* oigan...'; 'Y con esto ponemos *punto y final* al programa.' No me había percatado yo de tal flor hasta que, en las últimas Navidades, brotó por televisión en una retransmsión deportiva: 'El árbitro pone *punto y final* al partido.'" Y esta versión de "punto final" se ha propagado como un virus. Posiblemente que "punto final" tendrá que acostumbrarse a convivir con "punto y final", nos guste o no.

Puro y duro.

Recalcitrante, obstinado, sin paliativos, en estado puro.

No aparece en la Real Academia Española ni en diccionarios de ahora aunque tenemos una cita escrita de 1807. "Puro" es lo que está exento de elementos ajenos o extraños. Se aplica, además de al opio, al franquismo, al capitalismo, a la Falange, al combate político, la ley, a la materia prima... Así que está en castellano desde 1800 pero es a partir de la década de los ochenta del siglo XX cuando comienza a utilizarse más. El buscador de Google de internet nos da 458.000 resultados de este clich. Pilar Valera ha escrito un libro titulado, cómo no, *Amor puro y duro*. Iván de la Torre recientemente le da una nueva presentación: "La única y cierta terapia contra la inacción y la desidia es el enfrentamiento duro y puro..." Pero hay citaciones de Luis María Anson, Javier Cercas, y de la prensa, donde aprenderemos a aprovecharnos de este cliché para emplear un lenguaje "puro y duro", como hace Santos Sanz Villanueva en El Cultural (20/5/2004) "... y hace una narración de pensamiento pura y dura." Es éste un cliché que rima, de los que tenemos mucho. Son fáciles de retener en la memoria.

Rr

A raíz de.

Como resultado, a causa de, después de; por.

El Corpus de la Real Academia Española tiene una Real Cédula donde aparece, 1716, esta expresión: "Madrid, 15 diciembre 1716. R. c. del mismo con disposiciones sobre estudiantes presos salmantinos a raíz de un tumulto en el que llevaban armas." Este ejemplo claramente demuestra el significado que aportamos y no el que la propia Academia (y otros) dan: "Con proximidad, inmediatamente después de." No tiene esto mayor importancia, pero es siempre bueno dejar las cosas en su sitio cabal para evitar malos entendidos. Rosa Montero nos da un último ejemplo de uso cuando dice (El País Semanal, 3/7/2005) "Me he acordado de las palabras de mi amiga estos días pasados a raíz de la detención de la enésima mafia de explotadores de mujeres..." Como soy enemigo de la frase hecha fácil, sugiero que no la empleemos. Creo que sólo los malos esritores la usan.

Pasarse de la raya.

Ser impertinente, presuntuoso; insubordinarse, revelarse.

En 1737 aparece en el Diccionario de Autoridades como "Passar de raya. Phrase que significa propassarse, tocar en los términos de la desatención y descortesía, ó exceder en qualquiera línea." Resulta curioso que la edición de 2001 del diccionario académico, que dicen es "de nueva planta", repite la definición primera de 1737: "Pasar de la raya o de raya. frs. Propasarse, tocar en los términos de la desatención o descortesía, o exceder en cualquier línea." Cambia, eso sí, la ortografía. La primera citación que tenemos es de 1596 "Tan bien diciplinada va su gente, Que sin salir un paso de la raya, Obedeciendo acuden a sus puestos..." Pero, ya puestos, comparemos más diccionarios:

Diccionario de uso del español de América y España: "Coloquial. Superar o exceder el límite de lo tolerable."

María Moliner: "Pasar cualquier cosa del límite de lo tolerable."

Clave2: No consta.

Diccionario fraseológico de español moderno: "Excederse, exagerar, ir más allá de lo prudente."

Casares: "Propasarse o exceder en cualquier linea."

Diccionario fraseológico documentado del español actual: "Ir más allá de lo discreto o razonable."

Gran diccionario Larousse de frases hechas: "Propasar el límite de lo tolerable."

Y ahora llegamos nosotros y añadimos otra definición más, lo que prueba, parafraseando el refrán, que sobre definiciones no hay nada escrito.

Por la sencilla razón de.

Porque, a causa de.

Este cliché se les ha escapado a todos los diccionarios a pesar de que lo tenemos en el idioma desde 1754: "... fúndome en la sencilla razón de que se cría en todas ellas, y con poco cultivo y trabajo de los naturales." Es parte tan integral del habla popular y coloquial que empleamos la frase sin darnos cuenta: "Fui a ver la exposición por la sencilla razón..."; "No te he telefoneado por la sencilla razón de..." decimos en vez de "porque" que sería lo más expedito y natural, pero tenemos esa tendencia a hablar con frases en vez de emplear palabras. "No me caso con usted porque es usted feo y pobre" es siempre mejor que "no me caso con usted por la sencilla razón de que es usted feo y pobre". ¿A que sí?

Tener uso de razón.

Juicio, descernimiento, inteligencia.

Un escritor anónimo nos dice en *Personalidad y vida familiar* "Alrededor de los siete años, el niño llega al 'uso de razón', es decir, a la capacidad mental y moral de discernir personalmente el bien del mal." Miguel Ángel Asturias repite lo de los siete años. Todo esto sin tener en cuenta lo que nos dice Edward Osborn Wilson, profesor de la Universidad de Harvard, que el hombre nace con un cerebro como si fuese un negativo fotográfico que tenemos que revelar, que puede salir mejor o peor, pero que la imagen ya está en el negativo y no se puede alterar. Así resulta que según la genética personal cada cual llegará al uso de razón a distintas edades, y algunos a edades muy tardías, otros nunca. Pero lo que cuenta es que los clichés se repiten, sin parar a pensar su verdadero significado, si es que lo tienen. El hombre inventa palabras y frases y luego le resulta difícil o imposible darles un significado exacto. Así el eminente Pedro J. Ramírez nos cuenta en El Mundo recuerdos personales: "Porque al menos desde que tuve uso de razón aquel desmesurado caballero..." (19/6/2005.)

Cruda (dura) realidad.

Realidad que se nos antoja cruel y difícil de soportar.

Juan Manuel de Prada, escritor y recensionista de ABC, habla de un libro de John Fante y me dice: “Pues, por insalvable que resulte la brecha que se interpone entre sus fantasiosas aspiraciones y la cruda realidad...” (ABCD las Artes y de las Letras, 16/7/2005) y me he dicho, dándome una palmada en la frente: “Esto es un cliché”. Es cliché porque une “crudo” con “realidad” siempre, y porque las noticias de Google nos da 132.000 resultados de uso. Pero esta realidad no es así, ni buena ni mala, es tal como es, nada más. Si no nos gustan las cosas como son, entonces las tildamos de “crudas.” La realidad es simplemente eso, realidad, repito. Y algunos van más allá y tildan la realidad de “triste y abrumadora”, como Miguel Sánchez-Ostiz. Es de origen reciente; tenemos una primera cita de 1910.

Lejos de la realidad.

Que no se ajusta o es ajeno a los hechos; que no es cierto.

La primera citación es de Adolfo Bonilla y San Martín (1875-1926) literato y filósofo español, que nos dice: “... sería preciso que la misma naturaleza del hombre fuera absoluta, lo cual está muy lejos de la realidad.” Como "realidad" es también "verdad", podríamos interpretar la frase como "lejos de la verdad", o falso. Y no la reseñan los diccionarios excepto el *Diccionario fraseológico documentado del español actual.* Estamos ante lo que Jiménez Lozano dice: "... estamos ante un cliché o lugar común del lenguaje con todo su peligro de no significatividad, de pereza o impotencia del decir, e incluso de mendacidad..." que ha pasado desapercibido para muchos escritores de relumbrón. Tomemos nota y "apliquémonos el cuento" y dejemos de repetir frases muertas y sin sentido.

(No) ser de recibo.

(No) ser aceptable, normal.

Desde el siglo XVIII anda la frase suelta por el idioma. Bernardo de Ulloa en 1711 (*Restablecimiento de las fábricas y comercio español*) la dejó escrita para que otros se sirvieran de ella. Le expide partida de nacimiento la RAE en su diccionario de autoridades de 1737 diciendo literalmente: "Estar o ser de recibo. Phrase que vale tener algún género, todas las cualidades necessarias para admitirse, según ley o contrato." Durante más de trescientos años se emplea y es tan popular que hasta la cantante Alaska (Olvido Gara) dice, y a propósito del precio de los discos, que "... no es de recibo cobrar 21 euros por un CD que cuesta 3." Pero en este momento los CDs están ya en declive y la música se piratea más que se compra. Y Luis María Anson nos comenta: "Ahora que sabemos cómo se nombra el jurado no es de recibo mantener la fórmula."

Y sirve hasta para hacer retruécanos en el antiguo Banco Caixagalicia, en un cartel comercial suyo: "Domicilia ya tus recibos y participa en el sorteo mensual de 100 recibos gratis. Porque pagar por ventanilla no es de recibo." ¡Qué graciosos eran! Así les fue, que desaparecieron y sus directivos acabaron en la cárcel.

Valga la redundancia.

Excusarse por repetir algo que es obvio.

Si cada político me diera un euro cada vez que emplea este cliché, tendría arreglados todos mis problems económicos. Nada de valor añade al discurso este cliché huero. El DRAE del 2001 dice de redundancia: "Repetición o uso excesivo de una palabra o concepto." Se emplea desde 1930, –anteriormente no se utilizaba la redundancia, parece ser, especialmente en la conversación corriente y se ha convertido en un bordón, en una muletilla. No está reseñado en diccionarios. Se puede emplear con ironía y como ataque, como lo hace Fernando Savater: "...el materialismo teológico, (valga la redundancia), no es..." Y Amando de Miguel en su *La perversión del lenguaje*, explica esta anécdota: "Cuentan que Fidel Castro suele terminar sus agotadores discursos con el grito de *socialismo o muerte.* Es entonces cuando se oye un murmullo que sale de la flemática multitud: *Y valga la redundancia.*" El profesor de filosofía José Antonio Marina, en su pequeña "antología de los tópicos más tontos" dice: "En un momento en que se habla muy mal, este purismo estilístico me parece tan cursi como el uso de desodorante por quien no se lava nunca. ¡Una persona que dice veinte frases hechas, cinco tacos, tropecientas incorrecciones sintácticas, de repente se estremece de horror por haber repetido dos palabras." (El Mundo, 20/11/2002.) Marina opina que este cliché es hablado: "En el lenguaje hablado [...] no se puede corregir de la misma manera, porque las palabras vuelan y lo dicho dicho está." Se escribe mucho, y quiero creer que por pereza mental; por no esforzarse a pensar para evitar la "redundancia." El último que lo ha dicho, por ahora, es el rector de la Universidad Internacional Menéndez Pelayo, José Luis García Delgado, que hablando de Víctor García de la Concha, antiguo director-dictador-sátrapa en la sombra de la RAE (ahora le han enchufado en el Instituto Cervantes), dice: "Dos rasgos de un ser y de un hacer –valga la redundancia: se es lo que se hace- me parecen del todo..." Qué bonito.

A renglón seguido.

Inmediatamente después, enseguida, seguidamente.

Esta frase zombi aparece en el diccionario de la Academia en 1925, aunque ya la habían utilizado Carrió, Bello, Pardo Bazán, Galdós, y Mariano Azuela. La palabra renglón data del año 1386; el cliché es más moderno, aunque lleva más de dos siglos con nosotros y puede que se quede dos más si tenemos en cuenta que hasta Víctor García de la Concha, el director sátrapa y gris de la Real Academia Española, gusta del cliché, y nada menos que el fino crítico y gran conocedor del idioma, Ricardo

Senabre también "se moja" con este a renglón seguido: "... un personaje pide en un bar 'agua municipal con hielo', ennoblecida a renglón seguido como 'Isabelsegunda on the rocks'..." (El Cultural, El Mundo, 13/3/2003.) Y no contento, repite a la semana siguiente "O como a renglón seguido puede hablarse de..." (20/3/2003.) También lo emplea Fernando Lázaro Carreter en uno de sus dardos (1996) "Pero el informador define a renglón seguido que el susodicho..." Vemos que está muy de moda y muestra gran vitalidad. La cita que más me gusta es la de Caballero Bonald, de 1981, que escribe: "Y en eso llamaron contundentemente a la puerta y, a renglón seguido, apareció Antonia con un pájaro…" que no deja de tener miga. A menos bulto verbal, más claridad.

Con todos los respetos.

Con respeto, a pesar de lo que digo.

Respeto es miramiento, consideración, atención... Fórmula de falsa cortesía que han empleado Serafín Álvarez Quintero, Julio Casares, Eduardo Mendoza, Vázquez Montalbán..., con la que se disiente o se lleva la contraria o se ataca a alguien. El *Diccionario fraseológico*, 2004, de Seco, explica: "Acompaña a una afirmación que podría resultar ofensiva o molesta para el oyente o para la persona o cosa que se menciona." Y como para muestra vale un botón, Luciano G. Egido nos dice "Y que si doña Concepción Arenal por aquí, y doña Concepción Arenal por allá; me paso a doña Concepción Arenal, con todos los respetos, *por el forro de los cojones.*" (*Corazón,* 1995. Subrayado mío.) Me parece muy irreverente, aunque añada "con todos los respetos." En inglés, y por aquello de que en todas partes cuecen habas, se dice "with all due respect." Julio Casares, escribió "Para llegar a esta conclusión hemos tenido que disentir, con todos los respetos, de Menéndez Pidal..." si dice: "Para llegar a esta conclusión hemos tenido que disentir de Menéndez Pidal..." la frase queda hasta mejor, porque disentir no es falta de respeto.

Depurar responsabilidades.

Exigir responsabilidades. Buscar a un culpable.

Los políticos matuteros, rufianes y tramposos, emplean siempre esta frase y la aplican a los demás. Nos dice el diccionario clave: "Referido especialmente a las responsabilidades, establecerlas o determinarlas con exactitud." Mejor el sinónimo de "exigir", o "responsabilizar". Las palabras, como vemos, no siempre han ido juntas, sino que a veces, y por el capricho de alguien, se maridan en un momento dado y no hay quien las divorcie. Esto de "depurar responsabilidades" es reciente y no quiere decir mucho, pero a los políticos les encanta exigir responsabilidades a los demás, y jamás a sí mismos, claro. El buscador de Internet Google nos da en este momento 350.000 ejemplos de uso. Y los que quieran carcajearse un rato, que miren la primera edición del diccionario de María Moliner. Y para más risas se puede consultar el *Diccionario de español urgente*, de la agencia EFE.

Ss

Leal saber y entender.

Lo que uno sabe de buena fe, creyendo que es correcto.

Frasc que se les ha escapado a todos los diccionarios consultados, excepto al Seco, *Diccionario del español actual*, que aporta cita de Torrente Ballester, y al María Moliner que nos dice: "Según mi (tú, etc.) leal saber y entender. Expresión con que alguien introduce la exposición de su opinión dejando a salvo que puede no ser acertada, o con modestia." La Real Academia Española no la reseña y sin embargo el buscador de internet Google nos da 155.000 resultados ilustrativos del uso. Este desliz lexicográfico-académico es incomprensible si tenemos en cuenta que es frase antigua y que se usa tanto en escritos como en conversación corriente, pero como ya he dicho en otra parte, a veces dormita Homero. Es de un posible origen jurídico, empleada ya en las ordenanzas de Ávila de 1458 y luego por prestigiosos escritores como, por ejemplo, Juan Valera, Cela, Juan Benet y Joaquín Leguina, que la prefieren a "que yo sepa", "según nuestros conocimientos", "si no me equivoco". Así si nos equivocamos tenemos como excusa que ya hemos advertido que nuestra posible equivocación o error no ha sido intencionado, y se basa en lo que sabemos y entendemos honradamente. Por cierto que sé que a los abogados les gusta mucho el cliché.

Repetir (oír, contar, conocer, referir, revisar, protestar, diferente) hasta la saciedad.

Mucho, en exceso.

"Hasta no poder más plenamente." DRAE, 2001. Clave2 explica: "Mucho o intensamente." María Moliner escribe: "Repetir hasta la saciedad una cosa. Repetirla tantas veces que parece imposible que aquellos a quien se dice no se enteren de ella." Un buen ejemplo de uso nos lo da Domingo Faustino Sarmiento: "...escribía Rosas a López, hasta la saciedad, hasta aburrir, hasta cansar." El verbo saciar significa satisfacer el hambre, la sed, la ambición, curiosidad, de alguien. Para el *Gran diccionario de frases hechas* de Larousse es "estar hasta las narices de alguien." Lo cual demuestra, una vez más, el despiste de algunos y que siempre debemos ser cautos con las definiciones. Comienza su andadura en el siglo XIX y sigue su marcha triunfal hoy.

(No) echar algo en saco roto.

Considerar, tener en cuenta.

Esta frase tiene posibilidades, tanto en forma negativa como afirmativa. El diccionario de la Academia de 2001 da el significado de forma negativa: "Echar en saco roto algo. Fr. coloq. Olvidarlo, no tenerlo en cuenta." Pero "no echar en saco roto" significa lo contrario: tener en cuenta, considerar. Aparece ya en el Diccionario de Autoridades (1726-39) que dice de: "Echar en saco roto. Significa lo mismo que malbaratar y perder alguna cosa, poniéndola en parte o en manos que no la sepan conservar y estimar. Esta locución de ordinario se usa con negación, diciendo, no lo ha echado en saco roto." Y cita la Biblia como origen, Ageo, 1:6 "Sembráis mucho y encerráis poco; coméis y no os saciáis; bebéis, y no os hartáis; os vestís, y no os calentáis; y el que anda a jornal echa su salario en bolso roto." Ha perdurado hasta nuestros días y es muy empleada la frase en ambos lados del Atlántico. A mi me gusta.

Salvando (respetando) las distancias.

Tener en cuenta, sin menospreciar u olvidarse de las diferencias.

Se emplea cuando se quiere recalcar que somos conscientes de las diferencias que hay entre las cosas, personas o ideas que se comparan. Por ejemplo, Manuel de la Fuente dice que ha tenido un sueño, como Calderón de la Barca y Martin Luther King, pero Don Manuel resalta que sabe que no es por eso igual a ellos; "Salvando todas las distancias habidas y por haber, como Martin Luther King, como Calderón, he tenido un sueño." Simplemente ha tenido un sueño. Es un cliché de reciente acuñación y no reseñado en diccionario alguno, excepto en el *Diccionario fraseológico documentado del español actual*, 2004.

Cortar por lo sano.

Tomar medidas drásticas, difíciles pero eficaces.

La primera citación de 1509 explica el significado original: cortar el brazo por la parte sana para salvar el resto del cuerpo, ya que no el brazo, aquejado posiblemente de gangrena. La Real Academia Española se entera del cliché en su edición de 1884, aunque J. Guim ya lo reseña en su *Nuevo diccionario de la lengua castellana* de 1863 como "ir derecho a la dificultad, al grano, al asunto; no pararse en menudencias, reparos, ni observaciones; no gastar pólvora en salvas. Encaminarse resueltamente a un fin...” Emplea el cliché hasta Gabriel García Márquez, Premio Nobel de literatura, por cierto.

Dar por sentado.

Aceptar como cierto.

La locución entra en el diccionario de la Real Academia en la edición de 1985, ciento noventa y cinco años después de que la utilizase Félix de Azara (*Geografía física y esférica de las provincias del Paraguay*, 1790), y la define como “considerar fuera de cualquier duda o discusión.” Se adelantó María Moliner en 1965: “Dar por sentada una cosa. Suponerla como no susceptible ya de duda o discusión.” Intriga que los diccionarios no recojan las locuciones que se han convertido ya en clichés y empleadas por talentos como Santiago Ramón y Cajal, Julio Casares, Tomás Navarro Tomás o Julio Cortázar, por ejemplo. Me parece curioso y quizá explique la manera que tienen algunos de componer diccionarios. Julio Casares, secretario perpetuo de la RAE, lo emplea en su discurso de ingreso en la Academia cuando dijo: “... a los experimentos y observaciones que preceden, creo que podemos dar por sentado que el paso del vocablo a la idea se efectúa ordinariamente de modo fácil y seguro...” ¿Sabía él que la Docta Casa no había admitido la locución todavía? Le tenía sin cuidado, claro.

Sea como fuere.

En cualquier caso, de todas formas.

Muletilla, bordón o frase repetitiva que poco, o nada, quiere decir. Y un buen ejemplo de esa inanidad nos la da Antonio Gurpegui con "Sea como fuere, salta a la vista las reminiscencias..." que se las arregla para darnos dos clichés en una frase de siete palabras. Claro que no está solo porque también gustan de emplear esta frase Sábato, Fernando Savater, Salvador Pániker y otros de menor popularidad. El idioma inglés también emplea *be it as it may* que sorprende (y hasta confunde) pero que puede demostrar que los humanos somos perezosos y holagazanes lingüísticos por genética, y preferimos repetir frasecillas hechas en vez de analizar su verdadero significado. Jorge de Montemayor en 1559 y en su famosa obra *Los siete libros de La Diana* nos dice: "Pero sea como fuere, nosotros os seguiremos..." De "fórmula oracional" lo tilda el *Diccionario fraseológico documentado del español actual.* Para el diccionario de la Academia, 2001, es: "expresión utilizada para indicar que se prescinde de lo que se considera accesoria, pasando a tratar del asunto principal." Pues muy bien. Si hurgamos un poco seguro que podemos emplear una frase más feliz y menos tópica.

La polémica (propaganda, reacción, confusión, duda, debate) está servida.

Ya ha comenzado, se abre.

Hablando de la eutanasia, Marina Castaño escribe (La Razón "A tu salud", 24/2/2005): "El debate está abierto." Y así se define nuestro cliché: abrir o comenzar un debate o cualquier otra cuestión, que puede ser polémica, batalla por la propaganda, reacción, confusión, duda o más posibilidades. Antiguamente el mayordomo anunciaba a los señores que "la cena estaba servida," que ha dado como resultado la frase que comentamos y que es reciente. La primera citación que aporto es del diario español El País, de 1987. No consta en ningún diccionario, por ahora, pero ahí está desde los años ochenta, con potencia y decisión.

Siempre y cuando.

Mientras, siempre que, si.

Las frases y palabras tienen siempre documentación primera, donde han aparecido en el idioma por vez primera. En este caso es del año 1579: "... y el rey era más que cierto que siempre y cuando el caso lo requiriese..." por Jerónimo Zurita, *Anales de la corona de Aragón. Segunda parte*, pero la Real Academia Española acepta "siempre y cuando" en 1884 con la definición de "siempre que". En su última edición el DRAE cambia de parecer y reseña: "con tal de que." El *Gran diccionario de frases hechas*, de Larousse nos dice que es "locución conjuntiva condicional," que lo aclara todo (¿?). Creo que podemos sustituir el "siempre y cuando" por "mientras" y quedaría hasta mejor. 34 millones de resultados nos da Google y por eso debemos alejarnos de este cliché zombi y expresar la idea de otra manera.

Sol de justicia.

Sol fuerte, casi insoportable.

En los medio de comunicación este cliché se emplea mucho en verano, para expresar la idea de un día despejado y caluroso, con fuerte y radiante sol. Es posible que el origen sea la Biblia. En Malaquías 4:20 se dice: "Mas por vosotros, los que teméis mi nombre, se alzará un sol de justicia que traerá en sus alas la salud." Este sol parece ser que es Cristo, que impartirá justicia, y nada tiene que ver con el sol abrasador. Fray Juan de los Ángeles, en 1595, en su *Diálogos de la conquista del reino de Dios*, dijo: "Fué hecho, dice, para todos los que le obedecieron, causa de salud eterna. Y con esta consideración llamó el profeta Malaquías (b) Mal 4. "a Cristo sol de justicia: Saldrá para vosotros, los que reverenciáis y teméis mi nombre, un Sol de justicia."

La edición 22 (2001) del Diccionario de la Academia dice que es "m. U. para designar a Cristo."

Para el diccionario CLAVE2, "sol de justicia" es "el que calienta mucho."

Para el *Diccionario de uso* de Vox, 2002, es "Luz y calor muy intensos e insoportables."

Entra en la Academia en 1989 como "Solazo, sol muy fuerte y abrasador." Luego, en la edición del 2001, se lo piensan mejor y añade: "Sol fuerte y ardiente que calienta y se deja sentir mucho."

Es expresión del siglo XIX, que luego aparece en los escritos de Ganivet, Cela, Marsé, Pérez Reverte, entre otros y hasta lo emplea José Antonio Marina, que hace una especie de retruécano: "Un sol de justicia ajustició a París este verano." (El Cultural, El Mundo, España, 4/9/2003.) Amando de Miguel dedica al sol de justicia un articulillo en internet, en LibertadDigital que tiene cierta gracia.

Sin solución de continuidad.

Seguido, sin interrupción.

Esta frase me parecía un enigma. Entra en el diccionario de la Academia en la edición de 1889 como "Solución de continuidad. Interrupción o falta de continuidad." Y sigue igual en la edición del 2001. Pero la expresión es casi siempre "*sin* solución de continuidad." Quince veces repite el cliché Vicente Rojo, en su obra *Elementos del arte de la guerra*. Miguel García-Posada da una versión novedosa de ese cliché, quizá por descuido, cuando dice: "... aun cuando no suscriba determinadas convenciones del género, sigue, casi sin continuidad de solución..." No me gusta este cliché, a pesar de que se usa desde que posiblemente el Conde de Fernán-Núñez (Carlos Gutiérrez de los Ríos) le diese suelta en el siglo XVIII en su *Vida de Carlos III*, donde dice: "Hemos aislado que en el día estaba entonces del resto del mundo, sin que por eso hubiese solución de continuidad en su cultura..." Incomprensiblemente no está en el *Fraseológico documentado del español actual*, de 2004, aunque ABC de Madrid nos dice hablando de Peces Barba: "El Alto Comisionado ha emprendido una deriva casi incomprensible hacia cualquier lugar donde se aloje la polémica, comprometiendo su imagen y su crédito sin solución de continuidad." Ahí queda eso.

Tt

En tanto en cuanto.

Con respecto a, en lo concerniente a, en relación a, mientras, cuando.

Se quejaba Amando de Miguel: "También se oye mucho lo de en tanto en cuanto que resulta ampuloso", en su *La perversión del lenguaje.* No aparece en diccionario alguno y, sin embargo, sí que está en *La constitución española*: "1. Queda derogada la Ley 1/1977, de 4 de enero, para la Reforma Política, así como, en tanto en cuanto no estuvieran ya derogadas..." (*Constitución. Disposición derogatoria. Derogación de Leyes Fundamentales.*) Es curioso como muchas frases hechas, que se emplean constantemente, no entran en los diccionarios. Ya el P. Mariana (1536-1623), en 1609 la usa, luego ya repetida y convertida en cliché por muchoas autores. Peces Barba (1937-2012) nos regala una cita estupenda y enigmática: "En relación con los ciudadanos, la vieja tesis de la heteronomía del Derecho, como distintiva de la autonomía de la moral, se superará porque el Derecho será autónomo en tanto en cuanto los ciudadanos, a través del Poder, participarán en su formación." (*Introducción a la filosofía del derecho*, 1983.) Descubro en este último momento que el *Diccionario fraseológico documentado del español actual*, 2004, sí que conoce la existencia de la frase, menos mal; me tenía preocupado porque está en el idioma castellano desde 1609.

A tenor de.

Ateniéndose a, según, de acuerdo con, con.

El *Nuevo diccionario de la lengua castellana* de 1863 dice: "por el mismo estilo de la cosa aludida." La RAE ha cambiado varias veces la definición, como hace con mucha frecuencia. Así, en 1989 decía: "De la misma manera que." Y en 1992 cambia a: "Al mismo tiempo que." Y ya en la última edición: "Según, conforme a." El *Gran diccionario de frases hechas*, de Larousse, sigue a la Academia de 1992, "Al mismo tiempo que." Un batiburrillo que deja, como siempre, entre unos y otros, la casa sin barrer. Mejor será que vayamos a las fuentes directas a ver qué nos dicen. Por ejemplo: "... floreciendo y madurando a tenor de las estaciones." dice Rosa Chacel. Y Enrique Lafuente Ferrari: "... evolucionaba a tenor de los tiempos..." En estos dos ejemplos, "a tenor de" se puede sustituir por "con." Y queda mejor. A menos bulto, más claridad, como diría un castizo. Lo que sí está claro es que Quevedo usó la expresión ("... y él contigo, o a tenor de melecinas..." *Poesías,* 1597-1645.) y que no es una moda pasajera, pero creo que tiene un tufillo intelectualizante y pedantesco que no me gusta nada.

Testigo de excepción (excepcional).

Testigo privilegiado; persona que tiene la oportunidad de presenciar lo que otros no.

Este absurdo cliché, solecismo más bien, no ha entrado en el diccionario académico todavía, a pesar de que es usual en España e Hispanoamérica. Lo emplea hasta Amando de Miguel, que sabe mucho de las perversiones del lenguaje. Y el antiguo sátrapa de la Real Academia Española, (García de la Concha) nos dice: "Yo quiero sólo dejar constancia, como testigo de excepción, de la calidad ética de este universitario de raza." Se amplía a veces a *aventura*, *protagonista, prologuista* de excepción, como vemos en las últimas citaciones. Sin embargo Hugo Beccacece –ABC Cultural, 31/8/2002- emplea la palabra adecuada cuando dice: "Pero hubo un testigo privilegiado en el hogar de los Bioy..." También don Felipe y Doña Letizia se convirtieron, sin saberlo, en testigos de excepción también: "... ha tenido como padrinos a los Príncipes de Asturias, testigos de excepción de un acto solemne..." (Nuria Solozabal, El Mundo, 14/10/2004.) ¡Quién lo iba a decir!

De (desde) un tiempo a esta parte.

Últimamente.

Leyendo Babelia, una reseña de José María Guelbenzu sobre unos libros de Hemingway, ví la expresión "de un tiempo a esta parte", que me chocó y me he puesto a la obra de rebuscar su significado exacto en diccionarios. Veamos:

Clave: "Expresión que indica el tiempo presente o el tiempo de que se trata, con relación a un tiempo pasado." Como esto no me dice nada, sigo, y en el *Diccionario de uso*, de Vox, me cuentan algo mejor: "Se usa para indicar que algo sucede o se manifiesta desde hace algún tiempo no muy lejano." Prefiero mi definición que puede sustituir al cliché siempre, en todos los casos. Una palabra es suficiente en vez de cinco, ahí es nada. Pero en el DRAE del 2001 no está, ni tampoco en el María Moliner. Y "desde hace algún tiempo" es como la define el *Diccionario fraseológico documentado del español actual*, de 2004. El Padre Feijoo, Benito Jerónimo Feijoo, escribió: "En los Españoles, picados de cultura, dio en reynar de algún tiempo a esta parte vna afectación pueril..." (*Teatro crítico universal,* i).

Mucha (ríos de) tinta.

Escribir mucho.

Los antiguos egipcios y romanos fabricaban tinta (líquido que se utiliza para escribir) a base de hollín, como también en la Edad Media; las tintas sintéticas aparecieron en Alemania e Inglaterra a partir de 1860, y ha sido el cimiento de la cultura, y de otras cosas. "Tinta" aquí equivale a "escritura", a "escrito". Ricardo Palma, (1833-1919), en sus *Tradiciones peruanas*, escribe: "Llenas están las crónicas de escandalosas escenas eleccionarias, y mucha tinta habríamos de gastar si nos propusiéramos historiar los capítulos más reñidos." Desde el siglo XIX se utiliza este cliché que sigue vigente y con brios y empleado por Pedro Salinas, Cela, Carlos Malamud, Beatriz Cortázar y muchos más. Y Antonio Bernat y Abraham Madroñal hacen un juego de palabras cuando dicen en su edición de Baltasar Gracián (Castalia, 2003): "...ha llovido mucha tinta sobre el jesuita aragonés..." Las cosas han cambiado y ahora empleamos pantallas de ordenador y de todo tipo. La revista HOLA dice, el 27 de febrero del 2020, del coronavirus: "...este virus sigue generando mucha inquietud, quizá por los ríos de tinta que le acompañan."

Saber de buena tinta.

Tener información de fuente fidedigna, fehaciente y cabal.

La "buena tinta" se aplicaba a lo bueno, veraz, apacible y discreto. En su *Vocabulario de refranes*, Gonzalo Correas ya dice, en 1627: "Estar de buena tinta, por estar apazible i bien afeta la persona, el xuez o persona kon kien se á de tratar." El cliché está tan arraigado que se emplea aún, a pesar de que la tinta ya no es lo que era, y ya casi no se usa. La imprecisión y vaguedad del cliché no se advierte, ya que se asevera como fuente fidedigna de información lo que puede no serlo. Una manera como otra de ocultar el origen de la información. Decir "lo sé de buena tinta" no es lo mismo que decir "lo sé por Macario García." Luis Besses reseña el cliché en su *Diccionario de argot*, de 1905, por despiste, supongo, porque no es argot.

Tormenta política.

Conmoción, perturbación política.

Muchos creen equivocádamente que ciertas expresiones periodísticas son producto de la rapidez informativa de la actualidad, de ahora; y en algunos casos así es, pero no siempre. Vicente de la Fuente ya empleó "tormenta política" en su *Historia eclesiástica de España*, que escribió entre 1855 y 1875: ".... le empujó á nuestras playas la misma tormenta política que hizo al Abad Donato arribar á ellas." Una tormenta es una perturbación atmosférica pero que también puede ser una perturbación de cualquier cosa: tormenta de celos, de protestas, de insultos, y más. Una tormenta política es una alteración del normal devenir de la política, una conmoción política. Una frase feliz que recibió el visto bueno de D. Marcelino Menéndez Pelayo en 1880 en su *Historia de los heterodoxos españoles* y que en el presente la emplea la prensa escrita del mundo hispánico, principalmente porque la política es el arte de crear tormentas y desasosiegos entre los ciudadanos. El buscador de internet Google nos da 110.000 ejemplos de tormentas políticas. No se encuentra en ningún diccionario todavía.

Práctica totalidad.

Casi todos.

Sobre esta colocación, Fernando Lázaro Carreter nos dice en su *El dardo en la palabra*: "Cabe pensar, sin embargo, que eso de *la práctica totalidad* sea una tontería, una bobada suelta [...] Y esta es la radiante verdad: tal sintagma constituye una sandez autónoma y sin pareja." Y también: "... los medios de comunicación, los políticos, los profesores, los letrados, los predicadores, las gentes todas que deben de saber lo que se dicen, proclaman incesantemente su existencia: *La práctica totalidad* de los ciudadanos está indignada con el nuevo impuesto comunitario. Quieren manifestar, todos lo sabemos, que la indignación es compartida por casi todos los ciudadanos." Este "dardo" del profesor Lázaro Carreter es del año 1985. Poco se puede añadir. Ricardo Senabre (El Cultural 9/1/2003) dijo: "... algunas construcciones lingüísticas mejorables... [...] "la práctica totalidad de las casillas" (página 92; ¿por qué no "casi todas las casillas?" No caigamos nosotros en estas trampas y comuniquemos con seriedad y parquedad.

Sin trampa ni cartón.

Sin engaño, claro y sin subterfugios.

La Real Academia Española admite la locución en su diccionario de 2001, a pesar de que todo un premio Nobel, Vicente Aleixandre, la emplease en 1928. También lo hace Francisco Umbral, el de "he venido a hablar de mi libro", cosa rara en él, tan poco partidario de los clichés. De origen teatral donde se utiliza la escenografía con trampas y cartones para simular escenarios.

Uu

Único e irrepetible.

Que no tiene par o igual.

César Nombela en su escrito "Individualidad genética" (ByN Cultural, 22/1/2005), me advierte de que "Pensamos que cada ser humano es único e irrepetible, y cabe preguntarse..." Sí, cabe preguntarse (cliché) que cuando resulta que cada copo de nieve es "único e irrepetible", si la naturaleza es capaz de crear millones y millones de caras de personas "únicas e irrepetibles", ¿por qué el ser humano se empecina en emplear las mismas frases para acabar no diciendo nada? El *Diccionario fraseológico documentado del español actual*, 2004, no lo reseña, ni tampoco el Diccionario de la Real Academia Española. José Luis Pinillos sí que lo emplea en una de sus obras, en 1969, y ya después Esther Tusquets y muchos otros. Nada menos que 462.000 resultados nos da Google donde se aplica, entre otros, a "espacio natural", "un enclave", "un día", "un ambiente", "un brandy", "un entorno", "un disco", "un niño", "un código" único e irrepetible. Para los hispanohablantes todo parece ser ahora "único e irrepetible." Excepto el cliché, claro.

Vv

Bien merecidas vacaciones.

Vacaciones.

Cito al académico Fernando Lázaro Carreter que dice en su *El dardo en la palabra*: "... contaba cómo miles de ciudadanos se ausentaban esos días a gozar de sus *bien merecidas vacaciones*. Acuñación que se repetirá mil veces hasta septiembre. Todo el mundo se las ha ganado, según los medios de difusión, culpables de ese nauseabundo lugar común [...] Asombrosa absolución la que ese tópico repugnante administra a la infinidad de cosas que hemos dejado de hacer..." Sin embargo, Carlos Fuentes y Javier Satué escriben el repugnante tópico, que no sólo los medios de difusión. Achaco el cliché a la era franquista, cuando España tenía "productores" en vez de obreros, que se merecían vacaciones. Dicen por televisión que cuatro millones de coches saldrán este fin de semana acarreando a gente en pos de las "merecidas vacaciones". Esto no tiene remedio. Pero yo hace años que no me "merezco" vacaciones, por malo. Pero el resto sí y tenemos un hartazgo de ellas:

"...disfrutaremos de nuestras más que *merecidas vacaciones.*" La Rioja, 5/8/2017.

"...decidió tomar unas *merecidas vacaciones*" Viva Nicaragua, Canal 13, 29/7/2017.

"...salir hacia nuestras deseadas y *merecidas vacaciones* de verano" ABC, 31/7/2017.

"...piensa celebrar su participación por todo lo alto y marcarse unas merecidas vacaciones con su novia." 20Minutos, 24/2/2020.

"... de sus *merecidas vacaciones* en el crucero de sus sueños... "El Imparcial, 27/2/2020.

Correr un tupido velo.

No hablar o mencionar cierta cosa; pasarla por alto.

Se considera un modismo pero es un cliché y en el que han caído más de cuatro. Ricardo Senabre en El Cultural, censuraba a José María Guelbenzu su uso: "Lo único que cabe deplorar es que Guelbenzu, excelente escritor, no haya revisado con mayor detenimiento el texto para eliminar defectos sólo disculpables en una primera versión: expresiones inertes ("tupido velo", págs. 183, 187)..." Quiero pensar –y seguro que estoy equivocado- que posiblemente no sea lícito censurar los giros que emplea un escritor. Cada cual escribe como puede o quiere. Nótese que Senabre llama al cliché "expresión inerte": expresión falta de vida. Es posible que el P. Isla, Madariaga, Cela, Delibes, Martín Gaite, Donoso y Pedro J. Ramírez tampoco revisasen sus manuscritos. Y es que el cliché, la expresión inerte, se agazapa y salta sobre los escritos en cualquier momento. En 1864, el *Nuevo diccionario de la lengua castellana* reseña: "Tender un velo sobre algo; hacer por olvidarlo o porque se olvide, se omita, se pase en silencio, no se torne a mentar." El cliché en inglés *–to draw a veil over-* se documenta desde 1701, por Daniel Defoe, nada menos. José María Romera hace un esfuerzo para revitalizar este cliché cuando dice: "Dejemos sólo constancia del hecho y corramos un discreto velo..." Y otra variante nos la regala Miquel Porta Perales: "Y por supuesto se continuará cubriendo con un tupido velo de silencio..." (ABC, España, 16/10/2004.)

Vamos a ver.

Veamos.

Muletilla inane de nulo significado; tanto es así que hasta los invidentes la emplean. No tiene relación con ver nada, simplemente se emplea para añadir algo más, emplear palabras, para hablar por hablar. Llevamos casi dos siglos diciendo: "Vamos a ver." Y todavía no hemos visto nada. Y dudo que lo veamos, lo que sea. Como pequeño descargo digamos que también se dice en otras lenguas, en inglés, por ejemplo: *let's see.*

A decir verdad.

Honradamente, obviamente.

Este cliché nada tiene que ver con la verdad; es un bordón o una muletilla verbal que significa "honradamente" u "obviamente", si es que tiene significado alguno; nada más. Es superfluo y poco o nada añade a lo que se dice. En todos los casos se puede omitir y la idea que se intenta expresar no variará. La primera cita de uso de 1591, es de Vicente Espinel. Julio Casares (1877-1964), gran purista del lenguaje, y Torquemada de malos escritores, que repudiaba los bordones, en su *Crítica efímera* cae en la trampa: "... aunque a decir verdad no le impide interesarse vívamente por Teresa..." Que nadie diga que de esta agua no beberé.

En honor a la verdad.

Para declarar, decir, la verdad.

Es frase extraña que posiblemente implique lo extendida que está la mentira en la sociedad. Tenemos que "hacer honor a la verdad" y decirla, aunque nos gustaría no hacerlo. Se dice por decir ya que no añade nada al hilo del pensamiento expresado. Es variante de *debo confesar que*... Galdós nos aporta la primera cita, en *Doña Perfecta.* Y los hay, como Juan Manuel de Prada, ("... y en honor a la verdad, hemos de advertir que la escritura de Antrim...")

que repiten la frase en sus escritos ("Y en honor a la verdad, se nos antoja..." ABCD las Artes y las Letras, 10-16/9/2005). Y es que hablamos y escribimos con frases preacuñadas que se fosilizan en nuestro cerebro. Tratemos de ir al grano y seamos minimalistas idiomáticos.

La hora de la verdad.

Momento decisivo; en realidad.

Esta hora de la verdad es la suerte de matar al toro, en las corridas, cuando el torero se juega su prestigio y todo cuanto ha hecho hasta ese punto. Cuando Pérez Galdós dice, en su cita de 1878 "Vea usted la inutilidad de nuestras piadosas mentiras. ¿Habrá llegado la hora de la verdad?" está preguntando si ha llegado el momento crucial, el decisivo, cuando nos jugamos lo importante. Google nos da millones de ejemplos de uso. La tauromaquia ha dado muchas expresiones y palabras al idioma castellano, que siguen vigentes, como las corridas. Los toros parecen ser una fijación del español. También han escrito el cliché Ricardo León, Francisco Ayala, García Márquez, Vargas Llosa y Alfonso Rojo.

Verdad desnuda.

Verdad directa, evidente, sin paliativos ni artificios.

En inglés es *the naked truth*. Según la fábula, la mentira y la verdad se bañaron juntas. Al salir, la mentira se puso las ropas de la verdad pero la verdad se negó a vestir el atuendo de la mentira y decidió ir desnuda. La verdad nunca parece bastar. Pero la verdad es la verdad y nada más, aunque es Miguel de Cervantes el que nos explica cómo se puede vestir la verdad cuando dice: "... si a los oídos de los príncipes llegara la verdad desnuda, sin los vestidos de la lisonja..." Y el *Diccionario de uso del español de América y España* nos comenta de "desnudo": "que es evidente, sin simulaciones o sentidos ocultos" y nos da como ejemplo: "la verdad desnuda." Y el Clave2 nos dice en la acepción 5 de desnudo: "Patente, claro o sin doblez." Y nos da también como ejemplo "una verdad desnuda." Pero el caso es que desnudo tiene este significado cuando va con verdad, y no de otra forma. No se habla de un "escrito desnudo" como claro o patente, ni tampoco de un "amor desnudo" como un amor sin simulaciones o evidente. Siempre es "verdad desnuda", colocación que se ha convertido en un cliché de poco lustre y algo ajado.

La verdad sea dicha.

Una de las muchas frases hueras sobre la verdad: "a decir verdad", "de verdad", "la verdad es esa", "la verdad que diga", "si bien es verdad que", y tantas otras que poco tienen que ver con la verdad.

Ya recoge Gonzalo Correas en 1627 esta frase y dice: "Kuando uno se dispone a dezir alguna verdad a las klaras, tope donde topare." No acierta. Creo que es una muletilla más que otra cosa que quiere decir "admito", "acepto", "doy fe" de lo que se ha dicho o hecho. Mis pesquisas diccionariles no han dado resultado y no la he encontrado reseñada. Es un cliché auténtico: frase que se repite por repetir, porque suena bien mentar la "verdad", sin otro objeto y sin añadir nada coherente a lo que se dice. Podemos prescindir de la frase siempre. Aunque nos llevaremos una sorpesa si buscamos la palabra "verdad" en cualquier diccionario y toparnos con alucinantes definiciones. La que más me gusta a mí es la de los antiguos latinos *in vino veritas.*

Pura verdad.

La verdad sin artificios, en estado puro, sin aditivos, sin penumbras.

DRAE 2001: "La verdad indubitable, clara y sin tergiversación." Esta definición lleva más de ciento cincuenta años tal cual. El problema debe surgir por la definición que de la palabra "verdad" ofrecen los diccionarios castellanos, y hasta los de lengua inglesa. Pero esto es otra cuestión y animo al lector a darse un paseo por los principales lexicones castellanos para comparar definiciones. Es un pasatiempo más interesante que hacer crucigramas, jugar a las cartas o beber vino en las tabernas. Lo importante es que intelectuales de la importancia de Ortega y Gasset emplearon el cliché y en este caso en *La rebelión de las masas*: "Y esta es la pura verdad."

Verdad como un puño (templo, casa, catedral).

Verdades evidentes que no agrada escuchar.

Reseña este símil Luis Besses en su *Diccionario de argot español*, de 1905, como "una gran verdad." Entra en la Academia Española en 1884. El Nobel español José Echegaray, político, literato y científico, excusa su empleo diciendo "perdóneseme lo vulgar de la frase." El símil es una figura retórica que consiste en la comparación de dos cosas que no son iguales. Así tenemos el cliché verdad como un puño o templo, por lo grandes que son. La verdad simple y escueta no es suficiente. Era una locución coloquial que ha sobrevivido y es muy popular aún, que tiene variantes: Casa y catedral también se emplean, aunque menos. En cuanto a "verdades como puños", María Moliner, en 1965, nos decía "Una verdad como un puño o verdades como puños. Expresiones con que se alude a las verdades que lo son sin disputa aunque alguien quiera atenuarlas o velarlas." Y más recientemente el diccionario Clave nos dice que son "las verdades muy evidentes."

Rasgarse las vestiduras.

Lamentarse, escandalizarse, indignarse.

El significado literal de la frase es: el hecho de romper las vestiduras, tal como dice don Quijote "¡Bien estás en el cuento! –respondió don Quijote-, Ahora me falta rasgar las vestiduras, esparcir las armas y· darme de calabazadas por estas peñas...". Los judios se rasgaban las vestiduras en señal de duelo o enfado, como lo atestigua la Biblia, Mateo 26:65: "Entonces el pontífice rasgó sus vestidos y dijo: ¡Ha blasfemado!" Lamentarse, indignarse o escandalizarse y con este significado emplean el cliché Pedro Salinas, Sánchez Ferlosio y periódicos de España e Hispanoamérica. La Real Academia Española dio entrada a esta frase en su diccionario de 1970: "Escandalizarse, mostrar indignación." María Moliner ya lo había incluido en el suyo en 1965, diciendo: "Escandalizarse excesiva o hipócritamente por algo que otros hacen o dicen." Pero los hispanos nos venimos rasgando las vestiduras desde mucho antes de descubrir América; tengo cita de 1425: "... e yo, quando aquello vy, sally fuera, y rasgué las vestiduras de los mis pechos..." (Juan Rodríguez del Padrón, *Bursario*). Tanto estropear la ropa rasgándola ha indignado a José Echevarría que nos dice, en Babelia: "... ya está bien de rasgarse las vestiduras..." Y tiene razón; dejemos, pues, de utilizar el cliché.

La rara virtud de.

Cualidad que sorprende porque no abunda y se aparta de lo común.

Tras rebuscar por aquí y por allá he llegado a la conclusión de que es un frase hecha, de reciente acuñación, de los años cincuenta del pasado siglo veinte. Ha tenido éxito porque hasta la ha empleado un premio Nobel de literatura, Gabriel García Márquez. Como es un un cliché más que una frase o modismo, no consta en los diccionarios, ni siquiera en el *Diccionario fraseológico documentado del español actual*, de 2004. Y es que las virtudes son raras y difíciles de encontrar, y ya lo decía Spinoza *sed omnia praeclara tam difficilia quam rara sunt*, pero todas las cosas buenas son tan raras como difíciles de encontrar. Soy un poco pedante, lo sé, pero es que viene a cuento.

Saltar a la vista.

Obvio, evidente.

It leaps to the eye dicen los anglosajones en su idioma vernáculo en una frase tan manida y estereotipada como la castellana, que tiene un poco de rancia desde que la emplease Manuel José Quintana (1772-1857) escritor español de odas patrióticas, liberal y tutor de Isabel II, quien le coronó solemnemente como poeta en 1855: "… y en todas ellas su calor derrama; / derrama su calor, que vuelto en llanto, / sin ser posible a contenerle el seno, / salta a la vista en delicioso encanto." Tuvo todo un éxito de superventas clicheras y se hizo muy popular. A pesar de todo el diccionario Clave lo ignora. El *Diccionario del verbo español, hispanoamericano y dialectal* dice también "saltar a los ojos" alguna cosa como igual a "saltar a la vista," que nos recuerda la frase inglesa. Google nos regala 500.000 ejemplos de uso. Y la Real Academia Española le extendió partida de nacimiento en 1884. Antes de esa fecha no existía oficialmente, era una expresión "sin papeles".

Clara vocación.

Indudable inclinación, dirección, interés por.

El Diccionario de Autoridades (1726-39) de la Real Academia Española definía vocación así: "Por extensión se llama el oficio, u carrera, que se elige para pasar la vida... Es de estilo familiar." y en la edición del 2001: "Coloq. Inclinación a cualquier estado, profesión o carrera." Notemos –para mi sorpresa, por lo menos- que el primer diccionario dice que es de estilo familiar y el segundo que es coloquial. ¿Y qué nos dice el ciberespacio globalizado? Pues nos da 400.000 resultados en Google. Lo que es evidente es que "vocación" suele ir siempre acompañada de "clara", para que no haya dudas acerca de la mencionada vocación. Así lo sintieron Palacio Valdés y Vicente Aleixandre, Premio Nobel, por ejemplo. Yo nunca tuve vocación por nada y si por alguna profesión me inclinaba, no lo tenía claro en absoluto. Son los demas los que deciden nuestra vocación. Armando Palacio Valdés nos regala una primera cita de 1921: "Hubo un instante de mi existencia en que tuve clara vocación de salteador." (*La novela de un novelista.*)

Zz

(No) ir a la zaga.

Detrás, no ser menos, no quedarse corto.

Nos decía líricamente Luis Martínez Kleiser ("Discurso de recepción en la RAE", 1945) que "La palabra vive, se transforma, se multiplica y muere como el hombre." Hay palabras que caen en desuso, o en un letargo, pero que perduran gracias a las frases hechas, a los refranes, a los clichés. Así, zaga, que quiere decir parte posterior de algo, retaguardia, detrás, perdura como "no ir a la zaga", no ser menos, como en el ejemplo que nos da José Luis de Vilallonga: "... cubiertos por una espesa capa de *foie gras* que el conde se zampaba en tres bocados. La condesa no le iba a la zaga a su marido en lo tocante al alcohol..." (*La flor y nata*, 2002). La cita de 1788 ("¿El que ha venido a la zaga del coche?") nos habla de uno que ha venido detrás o tras el coche. Y con la afición al fútbol la palabra ha adquirido ahora otra acepción: en un equipo, la linea más retrasada que defiende la portería. Mi tocayo Delfín

Colomé no ha querido desaprovechar la ocasión del estreno de ABCD las Artes y las Letras (antiguo Blanco y Negro Cultural) para soltarnos otro cliché a propósito de Richard Wagner: "La moral le iba a la zaga, que siempre fue un pájaro de mucho cuidado." Pero tenemos una primera cita de Cervantes, de 1605: "…ni tan llorón como su hermano, y que en lo de la valentía no le iba en zaga." Miguel de Cervantes, *El ingenioso hidalgo don Quijote de la Mancha*.

EDITATUM

www.ingramcontent.com/pod-product-compliance
Lightning Source LLC
LaVergne TN
LVHW101945220826
846093LV00006B/109

9788418121234